河南交通投资集团

高速公路
养护工程规划

(2024—2026)

Expressway Maintenance Engineering Planning

主　编　袁冻雷　陶向华

郑州大学出版社

图书在版编目（CIP）数据

河南交通投资集团有限公司高速公路养护工程规划：
2024—2026 / 袁冻雷，陶向华主编. -- 郑州：郑州大
学出版社，2025. 6. -- ISBN 978-7-5773-1138-8

Ⅰ. U418

中国国家版本馆 CIP 数据核字第 2025DU7975 号

河南交通投资集团有限公司高速公路养护工程规划（2024—2026）
HENAN JIAOTONG TOUZI JITUAN YOUXIAN GONGSI GAOSU GONGLU YANGHU
GONGCHENG GUIHUA（2024—2026）

策划编辑	崔 勇	封面设计	王 微
责任编辑	崔 勇	版式设计	王 微
责任校对	许久峰	责任监制	朱亚君

出版发行	郑州大学出版社	地 址	河南省郑州市高新技术开发区
经 销	全国新华书店		长椿路 11 号（450001）
发行电话	0371-66966070	网 址	http://www.zzup.cn
印 刷	河北虎彩印刷有限公司		
开 本	787 mm×1 092 mm 1 / 16		
印 张	15.75	字 数	375 千字
版 次	2025 年 6 月第 1 版	印 次	2025 年 6 月第 1 次印刷

书 号	ISBN 978-7-5773-1138-8	定 价	68.80 元

主编简介

袁冻雷,男,1973 年 12 月生,汉族,工学硕士,教授级高工,先后从事高速公路工程建设管理、养护管理等工作,现任河南交通投资集团有限公司副总经理,主管交投集团高速公路养护管理工作,负责全省近 7000 km 高速公路的科技研发和技术创新管理工作,具有扎实的科研攻关能力和技术水平,先后获重大科技成果 13 项,发表有价值的核心学术论文 10 余篇,并主编完成了《高速公路桥涵预防养护技术规范》《高速公路隧道土建工程预防养护技术规范》《高速公路除雪融冰作业规程》等多部河南省地方标准。

陶向华,女,1976 年 3 月生,汉族,工学博士,教授级高工,河南省学术技术带头人,九三学社交通委员会主委,河南省政协委员,现任河南交通投资集团有限公司工程技术部经理。负责全省近 7000 km 高速公路的科技研发和高速公路养护管理工作,具有扎实的科研攻关能力和技术水平,先后主持重大科研项目十余项,获河南省科学技术进步二等奖 3 项,厅特等奖 1 项、一等奖 3 项、二等奖 1 项、三等奖 3 项,先后发表中外核心学术论文 20 余篇,其中以第一作者完成近 20 篇,EI 收录 4 篇,主编河南省地方标准《高速公路隧道土建工程预防养护技术规范》《高速公路沥青路面预防养护技术规范》和《高速公路除雪融冰作业规程》等多部河南省地方标准和团体标准。

编委会名单

前言

随着河南交通投资集团有限公司（以下简称集团）高速公路路网规模不断扩大，路段老龄化问题加剧，路面技术状况持续衰减，老旧护栏存量大且防护能力与安全运营需求不匹配，桥隧耐久性病害突出，养护管理工作面临新的严峻形势。为促进集团高速公路养护管理高质量发展，通过制定集团路网级养护规划，达到指导路网养护管理、优化养护资金分配、延长道路使用寿命、提高资源利用效率、保障安全运营水平的目的，有利于集团管理决策，对集团国评成绩稳居全国第一方阵，打造集团"中原养护"品牌，均具有重大意义。

同时，为进一步加强集团高速公路养护管理工作，全面提升高速公路路况水平和服务质量，编制的集团《高速公路养护工程规划（2024—2026 年）》（以下简称《养护规划》），是国内首个覆盖路基路面、桥梁、隧道和交安设施的高速公路路网级养护发展规划。

基于集团路网路况水平、养护需求和养护资金等情况，按照以"路面养护为主，兼顾桥隧（桥涵、隧道）、交安（交通安全设施）和路基"的养护方针，集团工程技术部组织开展了养护专项规划研究，多次组织交通规划设计院对养护规划进行讨论、修改，编制了该规划，分年度、分路段、分专业，统筹规划、合理安排，保证集团养护专项实施的合理性、均衡性、计划性和协调性。

根据相关政策、办法及文件要求，结合集团高速公路路网实际情况和养护管理需求，确定本次养护规划期限为 2024—2026 年，远期展望至 2030 年。规划内容仅限于专项工程，包括预防养护、修复养护（大修和中修）、专项养护。规划专业范围基本涵盖所有专业，主要包括路面、桥涵、隧道、交通

1

安全设施、路基等。在集团路网现状分析的基础上,制定规划预期目标和指导思想,综合考虑路段重要性、运营年限、交通量、道路技术状况和养护历史等因素,建立多种科学决策模型,编制三年路网级养护规划,形成各专业养护专项工程动态项目库,测算养护专项工程规模和养护资金。

编　者

2024 年 11 月

目录

◆ 第7章　养护工区及服务区养护规划 ◆　　/ 219

◆ 第8章　主要结论与展望 ◆　　/ 229

第 1 章

概　述

1.1 规划背景及意义

1.1.1 规划背景

随着河南省"十四五"交通战略规划的落地，以及 2020 年 9 月河南省交通运输厅全面启动的"13445 工程"，2025 年年底河南省高速公路通车里程将突破 10000 公里。截至 2022 年年底，河南交通投资集团有限公司（以下简称集团）运营道路里程达到 6251.3 公里，其中省内高速公路运营里程 6087.2 公里，约占全省高速公路 8009.4 公里的 76.0%，基本涵盖省内所有的国省干线等重要路段。

为进一步加强高速公路养护管理工作，全面提升高速公路路况水平和服务质量，为社会提供便捷、安全、畅通、舒适的通行环境，根据《河南省高速公路养护管理办法》《河南省高速公路养护管理提升三年行动方案》等要求，集团对所属高速公路针对性地开展养护管理提升行动，分年度、分路段、分专业、分轻重缓急实施养护专项工程。2021—2023 年集团高速公路养护投入专项资金 144.3 亿元，其中路面养护专项资金投入 104.4 亿元，处治规模 13892.2 车道公里，占集团总车道里程的 45.8%，满足三年行动处治规模要求。对新发现的三类桥隧及时列入维修计划并于当年完成修复，对特大桥梁和重点隧道及时开展预防养护；同时主动提升重点路段护栏安全性能，对交安设施（护栏）及其他附属设施进行提升改造，老旧护栏提升改造占比 15.5%，投资 13.5 亿元，累计提升护栏 143.5 万延米。通过三年不懈努力，实现路况水平和服务水平的整体提升，2022 年年底平均路面使用性能指数（PQI）达到 93.6，优良路率达到 99.9%，一、二类桥隧比例达到 99.0%，无四、五类桥隧，无重大安全运营隐患，实现"旧路变新路、旧貌换新颜"的明显效果。在 2021 年度国家公路网技术状况监测中，取得了高速公路排名全国第六、桥梁第七、隧道第六的好成绩，2022 年度高速公路排名跃居全国第一，实现了历史性突破，集团发挥了决定性作用。

在取得优异成绩和良好效果的同时，集团养护管理工作也面临新的严峻形势，一是路段老龄化加剧，集团运营年限 >10 年路段占比 60.1%，运营年限 >15 年路段占比 39.6%；二是路面技术状况持续衰减，现状路面使用性能指数（PQI）全国排名依然不高且处于不断衰减状态；三是养护专项不均衡，养护专项的地市区域布局、专项管理力量、分年养护资金投入、养护工艺规模等缺乏均衡性、可持续性；四是养护投入水平不高，近年稳步增长至全国平均水平，但同排名靠前省份仍有一定差距。

基于集团新的形势要求，为促进集团高速公路养护管理高质量发展，切实发挥好河南高速公路交通先行官作用，服务加快河南高速公路交通强国建设，根据《河南省"十四五"公路养护管理发展纲要》《河南高速公路养护交通强国试点实施方案》《河南交通投资集团有限公司高速公路养护管理办法》等要求，制定本养护规划。

1.1.2　规划意义

1.1.2.1　指导路网养护管理

随着集团重组以及"13445 工程"开工建设,集团所属高速公路运营里程长、重点路段占比多、路龄普遍高、养护体量大、养护管理任务重等问题日益突出,结合"十四五"高速公路养护管理发展纲要,需通过制定纲领性的指导文件来统筹规划集团路网级养护管理工作,为养护管理决策和养护专项实施提供依据。

1.1.2.2　优化养护资金分配

综合考虑集团不同路段间的路段性质、运营年限、交通量、技术状况和养护历史等因素,并结合集团养护资金情况,在拟定的养护规划原则和决策方法基础上,寻求最优养护策略,科学制定养护对策,优先选取亟需养护处治的路段,优化给定的养护资金分配,使得效益目标最大化,养护资金最小化,以达到最好的养护效果。

1.1.2.3　延长道路使用寿命

按照全寿命周期养护理念,考虑不同路段的养护历史和路龄结构等因素,按照路面养护"三循环"(日常养护循环、定期养护循环、周期养护循环)的原则,分析论证不同路段大修、修复养护、预防养护等养护措施的时限性、适用性和可行性,适时开展不同类型的养护措施,进行全寿命周期性养护规划,延长道路使用寿命。

1.1.2.4　提高资源利用效率

本着"碳达峰、碳中和"的发展目标,按照"创新、高效、节约、绿色"的养护新理念,充分利用既有路面各结构层剩余使用寿命,提高路面废旧材料回收率和循环利用率,另外积极推广应用"四新"技术,降低高速公路全寿命周期养护成本,达到降本增效和节能减排的目的,提高高速公路资源利用效率。

1.1.2.5　保障安全运营水平

集团高速公路老旧护栏存量大,桥隧健康监测和高边坡预警监测体系尚不完善,防护能力与安全运营需求不匹配。通过分路段分年度提升护栏防护等级,分阶段推进桥隧结构健康监测和高边坡预警监测试点项目实施,建立健全桥隧健康监测、高边坡监测预警系统,提高高速公路安全防护能力,保障安全运营水平。

1.2　规划期限及内容

根据《河南省"十四五"公路养护管理发展纲要》等文件,结合集团所属高速公路路网实际情况和养护管理需求,确定本次养护规划期限为 2024—2026 年,远期展望至 2030 年,并在省厅政策要求、集团内外部条件等发生重大变化时,适时对本规划进行评估,及时做好动态修订工作。

养护工作内容包括巡查检评、日常养护、专项工程和抢险工程。根据集团养护管理需求,确定本次养护规划内容为专项工程,包括预防养护、修复养护(大修和中修)、专项养护,其他养护工作内容不再纳入本次规划。

养护工作范围包括主要设施和附属设施,主要设施包括路基、路面、桥涵、隧道(土建设施)等,附属设施包括绿化、交通安全设施、房建设施等。根据集团养护管理需求,2024—2026 年养护规划专业范围见表 1-1:

表 1-1　2024—2026 年养护规划专业范围

序号	专业范围		备注
1	路基		①高边坡处治及监测;②路基水毁
2	路面		
3	桥梁(涵洞)		
4	隧道		土建,不含机电设施
5	附属设施	交通安全设施	护栏
		房建设施	养护工区
		绿化	
		其他	服务区广场

1.3　规划编制依据

1.3.1　政策及办法

《公路养护工程管理办法》(交公路发〔2018〕33 号)

《"十四五"公路养护管理发展纲要》(交公路发〔2022〕46 号)

《河南省高速公路养护管理办法(试行)》(豫交规〔2021〕3 号)

《河南省高速公路养护管理提升三年行动方案》(豫交文〔2021〕25 号)

《河南省"十四五"公路养护管理发展纲要》(豫交文〔2022〕98 号)

《河南高速公路养护交通强国试点实施方案》(豫交科技函〔2024〕17 号)

《河南省高速公路网规划(2021—2035 年)》(豫政〔2020〕27 号)

《全面提升环郑州国家中心城市高速公路服务品质行动方案》(豫交函〔2022〕15 号)

《河南省公路安全设施和交通秩序管理精细化提升行动实施方案》(豫交文〔2022〕68 号)

《河南交通投资集团有限公司高速公路养护管理办法》(豫交集团工〔2023〕102 号)

1.3.2　技术标准及规范

《公路工程技术标准》(JTG B01—2014)

《公路养护技术标准》(JTG 5110—2023)

《公路技术状况评定标准》(JTG 5210—2018)

《公路沥青路面养护设计规范》(JTG 5421—2018)

《公路沥青路面养护技术规范》(JTG 5142—2019)

《公路桥涵养护规范》(JTG 5120—2021)

《公路路基养护技术规范》(JTG 5150—2020)

《公路交通安全设施设计规范》(JTG D81—2017)

其他现行国家及行业有关标准规范。

1.3.3　集团路段基础资料

《河南交通投资集团有限公司道路信息摘要》

《河南交通投资集团"一地市一公司"区域划分方案示意图册》

各路段基础资料、运营信息、检评报告、养护历史等相关资料。

1.4　规划指导思想

养护规划以"降低全寿命周期养护成本"为指导思想,坚持全生命周期的新发展理念,针对集团高速公路网里程长、老龄化、大流量、长服役等交通特性,坚持以"路面养护为主,兼顾桥隧、交安和路基"的养护方针,通过分年度、分路段、分专业统筹规划、合理安排,制定集团路网级养护规划,实行全方位养护,实现高速公路养护管理工作数字转型、绿色转型、管理转型,筑牢集团高速公路在全省综合交通枢纽体系中的主导地位,推动集团交通运输和养护管理工作高质量发展,打造通行更安全、道路更顺畅、设施更完备、管理更高效、体验更舒适的集团高速运营品牌。养护规划思路流程图见图 1-1。

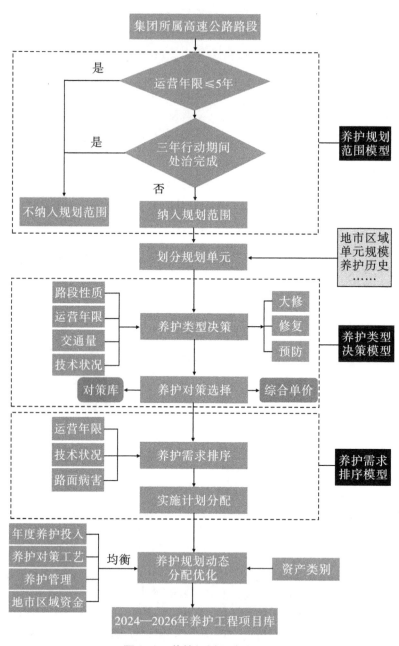

图1-1　养护规划思路流程图

1.5　规划原则

1.5.1　统筹均衡、精细管理

本养护规划期限为 2024—2026 年,远期展望至 2030 年,规划坚持以"路面养护为主,兼顾桥隧、交安和路基"的养护方针,按照分年资金投入相对均衡、地市区域布局相对均衡、专项管理力量相对均衡、特殊工艺规模相对均衡等"四个均衡"的原则,分年度、分路段、分专业统筹规划、合理安排,保证集团养护专项实施的合理性、均衡性、计划性和协调性。

1.5.2　科学决策、整体提升

综合考虑路段重要程度、运营年限、交通量及交通组成、现状技术状况、养护历史等"五大因素"以及养护资金等其他多种因素,结合养护历史后评价,兼顾历史延续性原则,运用科学决策方法,建立养护决策模型,按照不同的养护类型、养护目标,分类制定科学合理的养护规划方案,整体提升路况水平、服务水平和安全运营水平。

1.5.3　突出预防、降本增效

树立"预防养护"理念,根据道路病害发展趋势,精准预判并选择最佳养护时机,积极、适时采取预防养护措施,延长道路使用寿命,降低全寿命周期养护成本。同时保证养护规划技术方案合理,规模计算合理,避免过度养护、过度放大工程规模。

1.5.4　创新驱动、绿色发展

贯彻绿色低碳发展理念,通过不断试验总结,积极推广应用经济、实用、绿色、低碳的"四新"技术,重视沥青路面材料的循环利用和可持续发展,推广循环再生技术,提高路面废旧材料回收率和循环再生利用率,推动集团高速公路养护管理高质量发展。

1.6　规划目标

按照"统筹均衡、科学决策、突出预防、创新驱动"的基本编制原则，基于集团路网实际需求、路况水平和养护资金情况等，制定2024—2026年三年周期性养护规划，建立养护规划决策三个模型，形成2024—2026年养护专项工程动态项目库，绘制2024—2026年养护专项工程示意图，以指导路网养护管理，实现养护工程管理统筹规划、科学决策。

结合《河南省"十四五"公路养护管理发展纲要》《河南交通投资集团有限公司高速公路养护管理办法》等文件，旨在打造"安全、美观、绿色、低碳"的道路状况。结合集团路段实际，制定养护规划目标如下：

（1）到2026年年底，扣除运营年限≤5年路段，路面基本整体处治一遍；

（2）实现2024年度平均路面使用性能指数（PQI）达到94.25，2025年度达到94.55，2026年度达到94.80；

（3）2026年年末PQI优等路率达到95%以上，整体路况优良率达到100%；

（4）预防养护平均每年实施里程（车道公里）不低于总实施里程的25%；

（5）路面废旧材料回收率达到100%，循环利用率不低于95%；

（6）路面抗滑不足路段处治100%；

（7）一、二类桥隧比例达到99%以上，三类桥隧当年处治率达到100%，无四、五类桥隧；

（8）对现存结构尺寸整体偏小、病害表现突出的早期建设老旧桥梁完成维修加固；

（9）建立健全重点桥隧结构健康监测体系，实现重点桥隧结构物设施数字化养护管理；

（10）结合安全评估结果对达到设计使用年限、建设标准低且存在安全隐患的波形梁护栏分年度分路段提升改造，对新泽西护栏耐久性修复延长使用寿命，提升安全防护能力；

（11）加强路基高边坡修复养护处治和监测预警体系布设。

1.7 研究内容与方法

　　路网养护规划决策需要综合考虑各路段在路网中的重要性、运营年限、交通量、技术状况、养护历史等五大因素及养护资金等其他多种因素。首先,梳理确定养护规划路段范围,划分养护规划路段单元,确定各单元的养护类型,并选择相应的养护对策,根据各单元的规模和相应养护对策的单价,测算各单元的养护资金;其次,对各单元的养护需求优先级进行排序和实施年度计划分配;最后,考虑"四个均衡"的原则对个别单元的实施年度计划进行动态优化调整,形成路网养护规划方案。

　　基于集团所属高速公路各路段的现状系统评价与分析,研究确定集团 2024—2026 年路网级养护规划方案,建立养护专项工程动态项目库。具体研究方法如下:

1.7.1 路网现状分析与评价

　　对路网概况(运营管理、路段性质、技术标准、运营年限、交通量及交通组成等)基础信息进行分析,总结三年行动期间各专业的养护历史情况,对现状技术状况进行评价,梳理现存主要问题。

1.7.2 确定养护规划路段范围及划分养护单元

　　根据集团各路段的运营年限、养护历史(2021—2023 年)和路面技术状况 PQI,建立养护规划路段范围模型,确定 2024—2026 年的养护规划路段范围,并考虑地市区域相邻、养护规模大小适中、养护历史情况等因素划分养护单元。

1.7.3 确定养护类型及选择养护对策

　　按照养护类型决策主要影响因素(路段重要性、运营年限、交通量及交通组成、养护历史等),利用决策树法,建立养护类型决策模型,确定各养护规划单元的养护类型(提升改造、修复养护、预防养护),并选择相应的养护对策,同时考虑路段特殊性和养护对策延续性。

1.7.4 路网养护需求优先级排序及优化分配

　　利用加权求和法,根据高速公路养护需求排序规则,在确定养护类型的基础上,考虑路面技术状况 PQI 因素,建立路网养护需求优先级排序模型,对相同养护类型下各规划单元的实施顺序进行优先级排序,并按照每年资金均衡进行分年度实施计划分配。最后考虑"四个均衡"原则,对个别规划单元的实施安排进行动态优化调整。

1.7.5 制定养护工程项目库

制定 2024—2026 年三年路网级养护规划,形成 2024—2026 年养护专项工程动态项目库,绘制 2024—2026 年养护专项工程示意图。

第 2 章
路网现状分析与评价

2.1 路网概况

截至 2022 年年底,集团运营高速公路里程达到 6251.3 公里,其中省内高速公路运营里程 6087.2 公里。随着河南省"十四五"交通战略规划的落地,以及 2020 年 9 月河南省交通运输厅全面启动的"13445 工程",2025 年年底,集团运营高速公路里程预计将达9017.3 公里。

2.1.1 运营管理

按照《关于印发高速公路"一市一公司"区域划分方案的通知》(豫交集团运〔2024〕178 号),将集团直属高速公路整合重组为"18+1+1+1"的新格局(18 个地市运营公司+中原高速+航空港运营公司+岳常公司)。各运营公司管辖里程情况如下图所示。

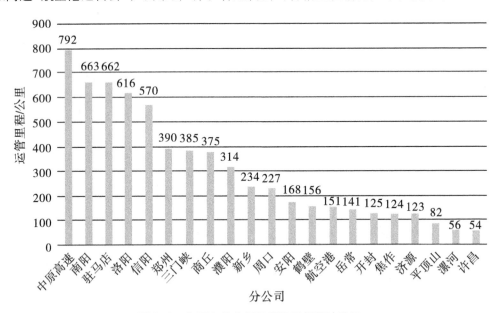

图 2-1 集团各分公司运管里程规模统计图

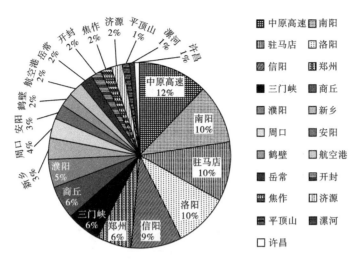

图 2-2　集团各分公司运管里程占比统计图

2.1.2　路段性质

即路段在路网中的重要程度,参照《河南省高速公路网规划(2021—2035 年)》《河南省高速公路养护管理提升三年行动方案》《全面提升环郑州国家中心城市高速公路服务品质行动方案》等政策文件中对集团高速公路各路段定位的描述,按照路段性质分类,集团所属高速公路在路网中的重要程度可分为 5 类,分别是特别重要国道主干线、重要国道主干线、重要省道主干线、其他国道和其他省道。路段性质分类统计见表 2-1,路段性质分类占比统计如图 2-3 所示。

表 2-1　路段性质分类统计表

序号	分类	数量(条)	里程(公里)	释义	典型代表路段
1	特别重要国道主干线	20	1133	交通量大、地理位置重要	G4 京港澳高速安新段 G30 连霍高速开封段
2	重要国道主干线	20	1239	交通量大、地理位置较为重要、重要国道主干线	G40 沪陕高速叶信段 G45 大广高速安阳段
3	重要省道主干线	3	163	交通量大、地理位置较为重要、重要省道主干线	S1 机场高速 S81 商南高速周口段
4	其他国道	21	931	交通量小、地理位置偏远、普通国道	G55 二广高速南阳段 G59 呼北高速卢西段
5	其他省道	61	2785	交通量小、地理位置偏远、普通省道	S25 安罗高速一期 S62 淮内高速淮息段 S96 洛栾高速洛阳段

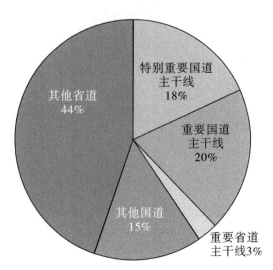

图 2-3 路段性质分类占比统计图

2.1.3 主要技术标准

2.1.3.1 路基标准横断面

集团所属高速公路主要采用双向四车道、双向六车道、双向八车道三类设计标准，其中：以双向四车道为主，运营里程 4615.9 公里，占比 73.84%；双向六车道运营里程 602.6 公里，占比 9.64%；双向八车道运营里程 1032.8 公里，占比 16.52%。各设计标准汇总见表 2-2，各设计标准分类占比如图 2-4 所示。

表 2-2 设计标准分类统计表

设计标准	双向四车道	双向六车道	双向八车道
路基宽度(m)	24.5/26/28	33.5/34.5/35	41/42/42.5
数量(条)	89	13	18
里程(公里)	4615.9	602.6	1032.8
里程占比	73.84%	9.64%	16.52%
代表路段	G45 大广高速 G3511 菏宝高速	G40 沪陕高速宛坪段 G45 大广高速省界段	G4 京港澳高速 G30 连霍高速

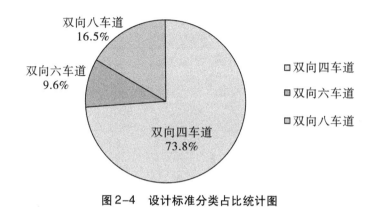

图 2-4 设计标准分类占比统计图

2.1.3.2 路面结构组成

集团已建成高速公路路面结构均采用半刚性基层高等级沥青混凝土路面,由于交通需求、建设时期、设计标准等的不同,路面结构组成和路用材料有些许差别。路面结构组成分类汇总见表2-3。

表 2-3 路面结构组成分类统计表

典型结构	典型结构 I	典型结构 II	典型结构 III
面层厚度(cm)	18/20	20/22	18
上面层	4/5 cm AC-13C/16C 改性沥青混凝土	4/5 cm AC-13C/16C 改性沥青混凝土	4/5 cm SMA-13/16 沥青混凝土
中面层	5/6 cm AC-20C 改性沥青混凝土	5/6 cm AC-20C 改性沥青混凝土	5/6 cm AC-20 改性沥青混凝土
下面层	7/8/10 cm AC-25C 沥青混凝土	10/12/14 cm ATB-25/30 沥青碎石	8 cm 沥青混凝土
基层	32/34/36/38 cm 水泥稳定碎石	32/34/36/38 cm 水泥稳定碎石	32/34/36/38 cm 水泥稳定碎石
底基层	16/18/20 cm 水稳碎石/ 水泥粉煤灰稳定碎石	16/18/20 cm 水稳碎石/ 水泥粉煤灰稳定碎石	16/18/20 cm 水稳碎石/ 水泥粉煤灰稳定碎石
总厚度(cm)	70/72/74/76/78		
占比	78.4%	20.5%	1.1%

2.1.3.3 桥梁

截至 2022 年年底,桥梁数量(按单幅统计)共计 12852 座,其中:小桥 2206 座,占比 17.2%;中桥 6471 座,占比 50.3%;大桥 3994 座,占比 31.1%;特大桥 181 座,占比 1.4%。如图 2-5 所示。

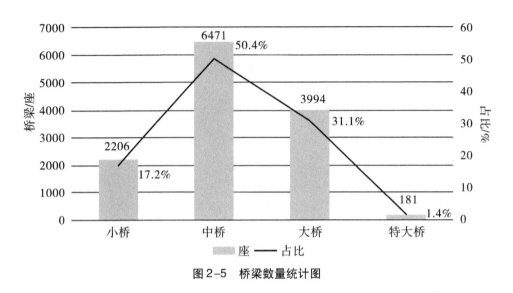

图2-5 桥梁数量统计图

桥梁里程（按单幅统计）共计 1940.2 公里，其中：小桥 47.0 公里，占比 2.4%；中桥 364.5 公里，占比 18.8%；大桥 1148.1 公里，占比 59.2%；特大桥 380.6 公里，占比 19.6%。如图 2-6 所示。

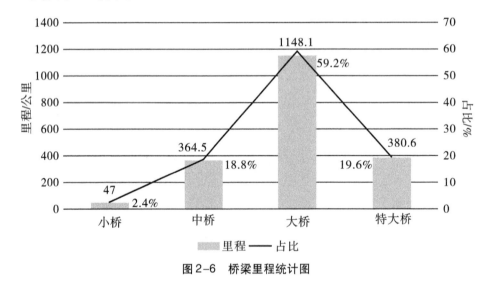

图2-6 桥梁里程统计图

通车 10 年以上桥梁（按单幅统计）座数共计 3816 座，里程共计 402.1 公里。其中：结构形式为空心板的桥梁共计 2140 座，里程 113.8 公里；小箱梁的桥梁共计 896 座，里程 145.7 公里；T 梁的桥梁共计 202 座，里程 63.1 公里；其他类型的桥梁共计 578 座，里程 79.5 公里。如图 2-7 所示。

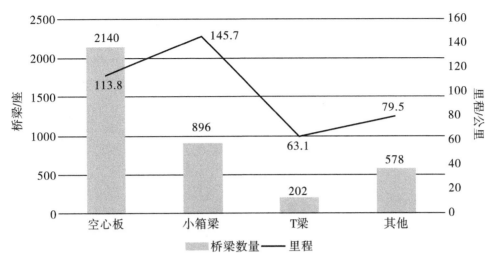

图 2-7　通车 10 年以上不同结构形式桥梁数量和里程统计图

通车 10 年以上的特大桥共计 86 座,里程共计 148.1 公里;跨铁路桥梁 9 座(如郑新黄河大桥、跨宁西铁路桥、宁西铁路高架桥、焦枝铁路高架桥、京共特大桥),里程共计 25.3 公里;跨南水北调特大桥 2 座,里程共计 2.3 公里。

2.1.3.4　隧道

截至 2022 年年底,隧道条数(按单洞统计)共计 365 条,其中:短隧道 182 条,占比 49.9%;中隧道 84 条,占比 23.0%;长隧道 83 条,占比 22.7%;特长隧道 16 条,占 4.4%。如图 2-8 所示。

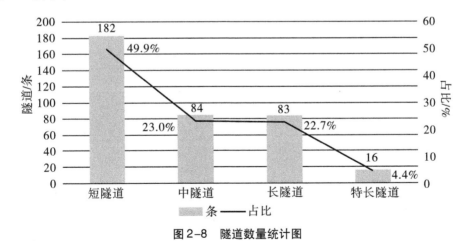

图 2-8　隧道数量统计图

隧道里程(按单洞统计)共计 333.4 公里,其中:短隧道 49.9 公里,占比 15.0%;中隧道 60.7 公里,占比 18.2%;长隧道 144.8 公里,占比 43.4%;特长隧道 78.0 公里,占比 23.4%。如图 2-9 所示。

通车10年以上长隧道共计43条（按单洞统计），里程77.8公里；无通车10年以上特长隧道。

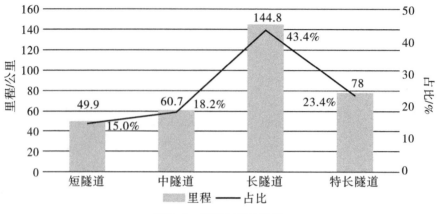

图2-9　隧道里程统计图

2.1.3.5　交安设施

河南省运营及在建的高速公路交通安全设施主要参照依据交通运输部分别于1994年、2006年、2017年发布的公路交通安全设施设计规范，以下分别简称"94版规范""06版规范""17版规范"。

截至2023年年底，结合近年交安设施（护栏）提升改造情况，目前集团所属高速公路主要交安设施（护栏）按单侧长度统计如下：参照"94版规范"标准建设长度6896.3 km，占比27.59%；参照"06版规范"标准建设长度9863.9 km，占比39.45%；参照"17版规范"标准建设长度8239.4 km，占比32.96%。汇总见表2-4。

表2-4　交安设施（护栏）分类统计表

参照规范	94版规范	06版规范	17版规范
长度（公里）	6896.3	9863.9	8239.4
占比	27.59%	39.45%	32.96%
代表路段	G45大广高速安阳滑县段	G40沪陕高速宛坪段	G59呼北高速省界段

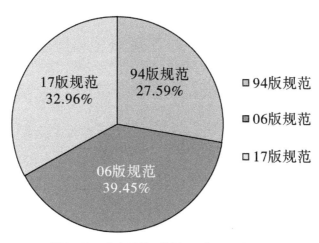

图 2-10 交安设施(护栏)分类占比统计图

2.1.4 运营年限

参照高速公路沥青路面设计使用年限分类和路面使用性能衰减规律,高速公路运营年限可划分为<5 年、5～10 年、10～15 年和>15 年。

截至 2022 年年底,按运营年限统计,集团所属高速公路运营年限<5 年路段里程 1196.8 公里,占比 19.15%;运营年限 5～10 年路段里程 1296.5 公里,占比 20.74%;运营年限 10～15 年路段里程 1283.5 公里,占比 20.53%;运营年限>15 年路段里程 2474.5 公里,占比 39.58%。

可以看出,集团运营年限接近或超过设计使用年限的路段(>10 年)占比达 60.1%,路段老龄化现象明显。运营年限分类统计见表 2-5,运营年限分类占比统计如图 2-11 所示。

表 2-5 运营年限分类统计表

运营年限	<5 年	5～10 年	10～15 年	>15 年
里程(公里)	1196.8	1296.5	1283.5	2474.5
占比	19.15%	20.74%	20.53%	39.58%
代表路段	G59 呼北高速省界段	S25 安罗高速二期	G4 京港澳高速安阳段	G4 京港澳高速郑州段

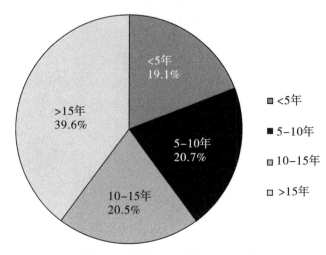

图 2-11　运营年限分类占比统计图

2.1.5　交通量及交通组成

交通荷载对路面的破坏作用是导致路面病害产生并发展的主要因素。通过收集集团所属高速公路近年交通量数据,交通量主要特征如下:

(1)断面年平均日交通量差异性较大。2022 年断面年平均日当量交通量最高的 G4 京港澳高速郑州段为 130394 pcu/d,最低的 S57 渑淅高速栾川至双龙段为 1523 pcu/d,相差近 86 倍。另外,折算为单车道年平均日交通量,两个路段分别为 32273 pcu/d 和 674 pcu/d,也相差近 48 倍。

(2)交通量分布不均匀。根据 2022 年交通量数据,京港澳高速、连霍高速、大广高速、沪陕高速、郑州绕城高速 5 条高速承担了集团整个路网约 55.4%的交通量,体现了京港澳高速、连霍高速、大广高速等作为国省干线公路和重要物资通道的属性,也体现了京港澳高速、连霍高速、郑州绕城高速作为环郑州高速重要客运承载干线的作用。

(3)货车比例差异性大。路段客货比平均值 2.1(货车占比 32%),其中机场高速、洛栾高速、安罗高速、商登高速、郑云高速等路段客货比>4(货车占比<20%),大广高速、菏宝高速、二广高速等路段客货比<1.5(货车占比>40%),客货比相差近 3 倍。

(4)单车道年平均日当量交通量以<10000 为主,占比达 63.4%。参照设计交通量、通行能力、高速公路服务水平不低于三级要求,集团所属高速公路按照单车道年平均日当量交通量(pcu/d)统计,可分为<5000 pcu/d、5000 ~ 10000 pcu/d、10000 ~ 15000 pcu/d、15000 ~ 20000 pcu/d 和>20000 pcu/d。单车道与断面年平均日当量交通量换算关系见表 2-6。

表2-6 单车道、断面年平均日当量交通量换算关系 单位：pcu/d

单车道年平均 日当量交通量		5000	10000	15000	20000
断面年平均日 当量交通量	双向四车道	11364	22727	34091	45455
	双向六车道	16529	33058	49587	66116
	双向八车道	20202	40404	60606	80808

根据 2022 年交通量统计数据，按单车道年平均日当量交通量（pcu/d）统计，集团所属高速公路<5000 pcu/d 路段里程 2378.0 公里，占比 38.0%；5000~10000 pcu/d 路段里程 1588.4 公里，占比 25.4%；10000~15000 pcu/d 路段里程 1523.1 公里，占比 24.4%；15000~20000 pcu/d 路段里程 681.8 公里，占比 10.9%；>20000 pcu/d 路段里程 80.0 公里，占比 1.3%。单车道年平均日当量交通分类统计见表 2-7，分类占比统计如图 2-12 所示。

表2-7 单车道年平均日当量交通量分类统计

交通量 （pcu/d）	<5000	5000~10000	10000~15000	15000~20000	>20000
里程（公里）	2378.0	1588.4	1523.1	681.8	80.0
路段（条）	51	28	26	14	2
占比	38.0%	25.4%	24.4%	10.9%	1.3%
代表路段	G55 二广 高速汝鑫段	G40 沪陕 高速信南段	G30 连霍 高速开封段	G30 连霍 高速郑州段	G4 京港澳 高速郑州段

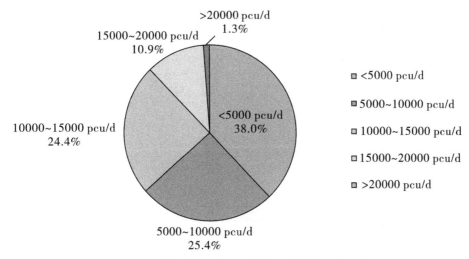

图2-12 单车道年平均日当量交通量分类占比统计

2.2 近年养护历史

2.2.1 路面

根据省厅三年行动方案要求,2021—2023年集团高速公路路面养护专项资金投入104.4亿元,处治规模13892.2车道公里,占集团总车道里程的45.8%,满足三年行动处治规模要求。

路面养护类型分为预防养护和修复养护,2021—2023年集团路面养护专项工程预防养护方案包括微表处、精表处、超薄磨耗层和就地热再生等;修复养护方案包括铣刨重铺和加铺罩面等。2021—2023年集团路面养护专项处治实施情况统计见表2-8。

表2-8 2021—2023年集团路面养护专项处治实施情况

序号	养护类型	方案	处治规模(车道公里)			合计
			2021年	2022年	2023年	
1	预防养护	微表处	144.1		313.0	457.1
2		精表处	163.2	182.5	105.7	451.4
3		超薄磨耗层		239.5		239.5
4		就地热再生	209.9	407.2	420.8	1037.9
5	修复养护	铣刨重铺	3218.2	1527.2	1370.1	6115.5
6		加铺罩面	996.3	2231.3	2363.2	5590.8
处治规模合计(车道公里)			4731.7	4587.7	4572.8	13892.2
工程投资(亿元)			24.2	44.7	35.5	104.4

2021—2023年路面养护方案规模统计图及占比图如图2-13、图2-14所示。

根据2021—2023年路面养护专项工程实施情况分析统计,养护类型以修复养护为主,即铣刨重铺和加铺罩面,实施规模占比达到84.3%,对路面老化表面层进行逐步更替。另外,和2021年相比,2022年和2023年铣刨重铺方案实施规模明显减少,加铺罩面方案实施规模明显增多,通过加厚路面结构层提高路面耐久性。预防养护实施规模占比为15.7%,提升路表抗滑能力,延长道路使用寿命,精表处、超薄磨耗层、就地热再生等预防养护技术得到更多应用。

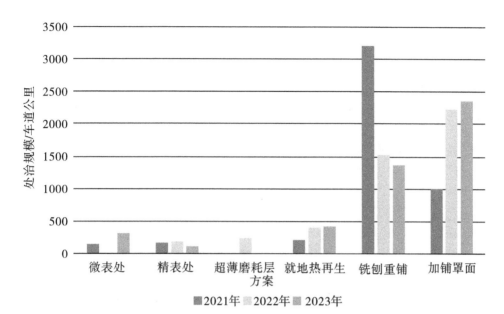

图 2-13　2021—2023 年路面养护方案规模统计图

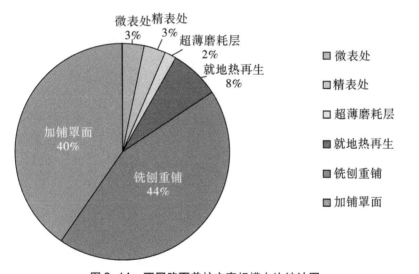

图 2-14　不同路面养护方案规模占比统计图

　　同时,根据《河南高速公路养护交通强国试点实施方案》要求,以"安全、实用、绿色、经济"为原则,大力推广应用循环再生技术,厂拌冷再生、厂拌热再生、就地热再生均有应用,其中就地热再生 1064 车道公里,如沪陕高速信南段、盐洛高速永城段、新阳高速等,特别是沪陕信南段就地热再生工程荣获"省优质工程",获评国家级工法,《公路沥青路面就地热再生技术规范》作为地方标准已发布实施,目前已形成热再生技术体系,为后续循环再生利用奠定基础。另外,部分路段开展新技术、新材料、新工艺、新设备等"四新"技术应用,如 2021 年 S22 南林高速安阳至南乐段实施钢渣沥青混凝土路面、2023 年 G30 连霍高速郑州段实施高黏高弹橡塑复合改性沥青路面等。

2.2.2 桥隧

　　桥梁、隧道（土建）养护专项主要分为预防养护和专项处治，预防养护主要针对特大桥及隧道进行集中处治，专项处治主要为桥隧集中病害处治或交通运输部及省厅统一组织实施的专项行动。另外，近两年集团也开始实施特大桥梁结构健康监测体系建立或升级专项。

　　2015—2019 年根据交通运输部独柱墩桥梁改造行动，集团对所辖路段内独柱墩桥梁逐步进行改造，改造方案主要为桥梁增设拉压支座、独柱墩桥梁改造为花瓶墩、增设钢盖梁等。

　　2019 年根据交通运输部《提升公路桥梁安全防护能力专项行动技术指南》，集团对路段内桥梁进行整体排查，对判定为Ⅲ类的桥梁安全防护设施分批进行改造，改造方案主要为桥梁护栏防护等级提升、桥梁过渡段改造、桥梁防落网改造等。

　　2020—2023 年根据每年桥隧定期检测情况，对新发现的三类桥隧及存在耐久性病害或结构性病害桥隧及时集中处治，处治内容主要为耐久病害处治、结构补强、结构防腐等内容。

　　另外，结合《河南省"十四五"公路养护管理发展纲要》，集团分阶段推进 13 桥 1 隧结构健康监测试点项目实施，建立健全健康监测体系，搭建集团级、路段级、项目级桥隧信息化管理系统。2023 年桥隧养护专项工程实施情况见表 2-9。

表 2-9　集团 2023 年桥隧养护专项工程实施情况

序号	分类	项目名称	资金/万元
1	修复养护	2023 年连霍高速公路三门峡段桥涵维修加固专项工程	980
2		2023 年京港澳高速公路驻信段 K971+656 浉河大桥维修加固专项工程	1414
3		2023 年大广高速公路开通孙寺、石岗互通匝道桥维修加固专项工程	242
4		2023 年新阳高速公路新阳段 K106+720 京港澳互通匝道桥维修加固专项工程	211
5		2023 年郑云高速公路黄河大桥段伸缩缝维修专项工程	357
6		2023 年京港澳高速公路郑漯段桥梁维修专项工程	327
7		2023 年呼北高速公路三门峡段、洛卢高速公路三门峡段桥梁维修加固专项工程	881
8		2023 年杭瑞高速公路岳常段桥梁伸缩缝维修专项工程	149
9		2023 年连霍高速公路郑州段桥涵维修加固专项工程	937
10		2023 年洛栾高速嵩栾段上秋花阴隧道维修加固专项工程	102
11		2023 年商南高速公路周口段桥梁维修加固专项工程	546
12		2023 年商登高速公路商尉段桥梁维修专项工程	616

续表 2-9

序号	分类	项目名称	资金/万元
13		2023 年京港澳高速公路郑州段 K646+719 刘江黄河特大桥预防性养护工程	607
14		2023 年商登高速公路 K162+008 南水北调特大桥预防养护工程	411
15		2023 年连霍高速公路商丘段桥涵预防养护工程	714
16	预防养护	2023 年连霍高速公路洛阳段 K736+733 洪阳河特大桥预防养护工程	478
17		2023 年洛卢高速洛阳至洛宁段 K15+124 大柳树特大桥预防养护工程	332
18		2023 年洛栾高速洛阳至嵩县段 K54+767 乾涧沟特大桥预防养护工程	149
19		2023 年二广高速公路岭南段 K1307+805 白河特大桥、K1302+532 黄鸭河特大桥预防养护工程	1224
20	健康监测	2023 年济洛高速公路济阳段虎岭河特大桥结构健康监测系统建设专项工程	445
21		2023 年京港澳高速公路郑州段刘江黄河特大桥监测系统升级专项工程	1067

2.2.3　交安设施

根据《河南省高速公路养护管理提升三年行动方案》《河南省公路安全设施和交通秩序管理精细化提升行动实施方案》等要求,在对路面进行更新改造的同时全面提升护栏防护能力,另外结合交安设施精细化提升行动项目清单进行针对性提升优化。

2018—2023 年对集团路侧波形梁护栏提升改造处治长度(按单侧统计)共计 1434.8 km,中央分隔带护栏处治长度(按单侧统计)共计 1632.1 km,专项投资约 21.6 亿元。主要是对现存 15 年以上且存在安全隐患的波形梁护栏按照现行规范进行提升改造,对新泽西护栏进行耐久性防腐修复养护。

2018—2023 年集团护栏养护专项工程实施情况统计见表 2-10。

表 2-10　集团护栏养护专项处治实施情况

改造年份	2018	2019	2020	2021	2022	2023
改造长度(km)	2.4	425.2	135.1	979.9	736.8	787.5

2018—2023 年集团护栏改造共计 3066.9 km,其中:1994 版规范护栏已改造 1977.6 km,占该标准护栏长度的 22.3%;2006 版规范护栏已改造 1089.3 km,占该标准护栏长度的 10%,见表 2-11。护栏养护专项处治规模统计如图 2-15 所示。

表 2-11　集团交安设施(护栏)统计情况

项目	总长度(延 km)	已改造路侧(延 km)	已改造中分带(延 km)	改造占比	剩余(延 km)
1994 规范	8873.9	973.0	1004.6	22.3%	6896.3
2006 规范	10953.2	461.8	627.5	10.0%	9863.9
2017 规范	5172.5				8239.4
合计	24999.7	1434.8	1632.1		24999.7

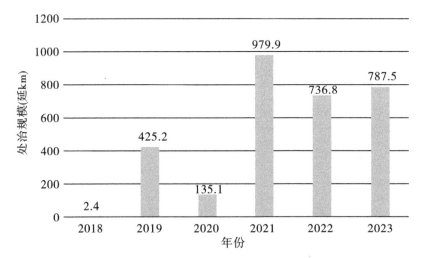

图 2-15　2018—2023 年集团护栏养护专项处治规模统计图

2.3　路面技术状况评价

2.3.1　技术状况分析与评价

(1)根据 2019—2022 年路面技术状况省检数据(表 2-12),集团所属高速公路路面技术状况各指标均值均逐年增长(图 2-16)。2022 年年底,集团所属高速公路路面技术状况指数(PQI)均值为 93.60,路面破损状况指数(PCI)均值为 93.51,路面行驶质量指数(RQI)均值为 94.09,路面车辙深度指数(RDI)均值为 94.88。

表 2-12　2019—2022 年路面技术状况统计

指标	2019 年	2020 年	2021 年	2022 年
PCI	91.42	90.73	90.87	93.51
RQI	94.29	94.13	93.92	94.09
RDI	91.99	93.91	94.32	94.88

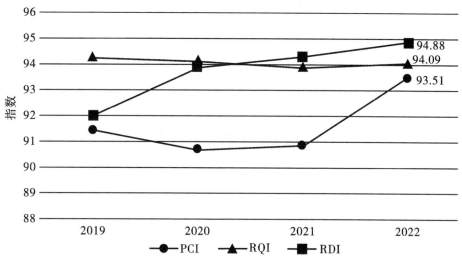

图 2-16　2019—2022 年路面技术状况变化情况

（2）路面技术状况指数 PQI 优等率 92%，PCI 优等率 57%，RQI 优等率 99%，RDI 优等率 98%（图 2-17）。

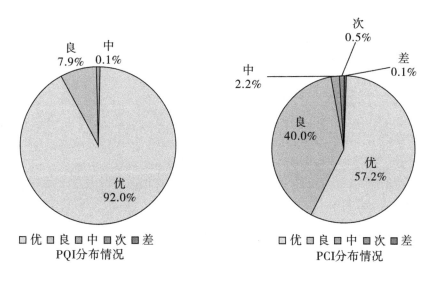

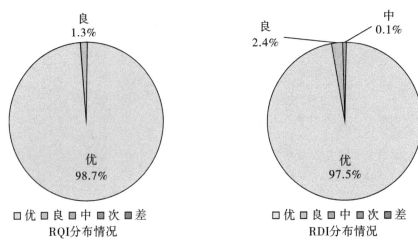

图 2-17　2022 年年底路面技术状况分布情况

（3）扣除运营年限≤5 年、现状路面 PQI≥95、三年行动期间（2021—2023 年）已实施养护专项工程的路段,本次养护规划路段范围内的路面技术状况指数（PQI）均值为 91.75,路面破损状况指数（PCI）均值为 91.18,路面行驶质量指数（RQI）均值为 93.89,路面车辙深度指数（RDI）均值为 93.79。见表 2-13。

表 2-13　整体范围与本次养护规划范围路面技术状况对比统计

路面技术状况	整体路段范围	本次养护规划路段范围
RQI	93.60	91.75
PCI	93.51	91.18
RQI	94.09	93.89
RDI	94.88	93.79

2.3.2　主要存在问题

2.3.2.1　未养护处治路段体量大

目前集团运营里程 6251.3 公里, 共计 30337.6 车道公里。根据养护规划（2024—2026 年）路段范围统计, 扣除通车年限≤5 年、现状路面 PQI≥95 以及三年行动（2021—2023 年）已处治路段, 剩余未养护处治路段共计约 11295 车道公里, 占比约 37.2%, 未养护处治路段体量大, 见表 2-14。

表 2-14　未养护处治路段规模

规模	集团规模总计	运营年限≤5 年	2021—2023 年已养护处治	未养护处治
车道公里	30337.6	5150.4	13892.2	11295
占比	—	17.0%	45.8%	37.2%

2.3.2.2　重点路段剩余未处治规模大

对于运营年限>15 年的重点路段(均为重要国道主干线),集团运管路段共计约 1964.5 公里(如京港澳高速、连霍高速、大广高速、沪陕高速、菏宝高速等),三年行动期间(2021—2023 年)按照全幅连续养护专项处治原则(如加铺罩面、铣刨重铺、就地热再生等),共计处治约 1225.5 公里,占比 62.4%,剩余未处治约 739.0 公里,占比 37.6%,重点路段剩余未处治规模较大(图 2-18)。考虑到重点路段的路段性质重要、超期服役>15 年、交通量大、路面技术状况较差等因素,是本次养护规划的重点内容。

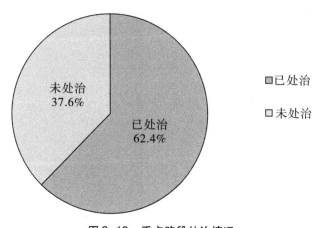

图 2-18　重点路段处治情况

2.3.2.3　未养护处治路段路面技术状况差

根据 2022 年路面技术状况省检数据,集团 2021—2022 年已养护处治路段路面 PCI 均值为 96.83,未养护处治路段路面 PCI 均值为 90.19,且处于持续衰减状态,严重影响整体路面技术状况水平。

2.3.2.4　技术状况持续衰减,破损病害突出

集团路面整体结构承载力较好,不存在大面积结构性问题,主要以表面层沥青老化、抗滑不足导致的功能性问题为主,其中破损以裂缝以及裂缝修复后的修补为主,在通车 8~10 年后快速发展,上面层老化情况最为突出。

2.3.2.5　交通量大小对路面 PCI 影响明显

根据 2022 年路面技术状况省检数据,对交通量大小与路面 PCI 的对应关系进行统计分析,发现交通量越大,路面 PCI 状况整体越差。具体情况见表 2-15、图 2-19。

表2-15　交通量与路面破损状况 PCI 关系

单车道年平均日当量交通量/（pcu/d）	<5000	5000～10000	10000～15000	15000～20000	>20000
路面平均 PCI	93.32	93.09	91.94	92.84	90.82

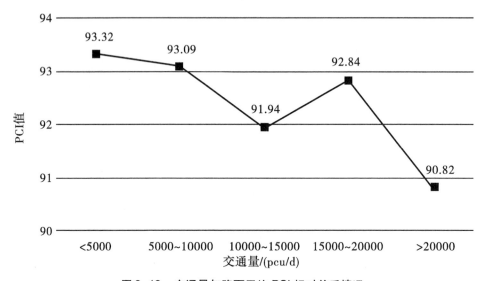

图2-19　交通量与路面平均 PCI 相对关系情况

2.4　桥隧技术状况评价

2.4.1　桥梁技术状况分析与评价

根据 2019—2022 年桥梁定期检测数据，集团所属高速公路桥梁整体技术状况以一、二类为主，占比约98.8%。其中：一类桥梁3812座，占比29.7%；二类桥梁8865座，占比69.1%；三类桥梁42座，占比0.3%；未评定桥梁117座，占比0.9%；无四、五类桥梁。如图2-20 所示。

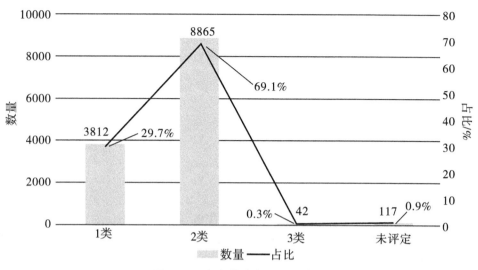

图 2-20　桥梁技术状况分布情况

2.4.2　隧道技术状况分析与评价

　　根据 2019—2022 年隧道定期检测数据,集团所属高速公路隧道(土建部分)技术状况以一、二类为主,占比约 96.5%。其中:一类隧道 72 条,占比 19.7%;二类隧道 280 条,占比 76.8%;三类隧道 6 条,占比 1.6%;未评定隧道 7 座,占比 1.9%;无四、五类隧道。如图 2-21 所示。

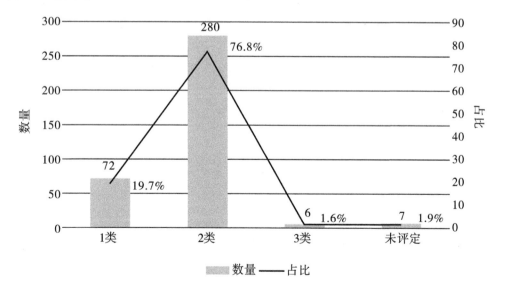

图 2-21　隧道(土建部分)技术状况分布情况

2.4.3　主要存在问题

2.4.3.1　运营年限长,技术状况接近三类较多,耐久性病害突出

目前运营 10 年以上桥梁 3816 座（按单幅统计）,里程共计 402.1 公里,运营 10 年以上特大桥共计 86 座（按单幅统计）,里程共计 148.1 公里。运营 10 年以上的桥梁数量占比达到 29.7%,里程占比达到 20.7%,桥梁结构物长期服役,耐久性病害日益突出,如支座变形老化、梁体和盖梁裂缝、混凝土破损等。由于日常养护不具备养护维修条件,若无法及时维修,导致病害进一步发展,影响结构耐久性。

2.4.3.2　重点路段、重要桥隧技术状况差

集团所属高速公路重点路段多,重要桥隧数量多,目前特大桥 181 座,里程共计 380.6 公里;长隧道 83 条,里程共计 144.8 公里;特长隧道 16 条,里程共计 78.0 公里。虽然重要桥隧整体技术状况为二类,但均为所在区域重要结构物,受运营年限长、交通荷载大、日常养护维修难度高等因素,目前重要桥隧耐久性病害突出,需进行统筹规划处治。

2.4.3.3　现存少量早期建设整体结构偏弱、病害突出的老旧桥梁

集团所属高速公路桥梁设计标准采用《公路桥涵设计通用规范》（JTG D60—2015）的桥梁共计 2205 座（按单幅统计）,占比达到 17.2%。早期建设桥梁由于设计理念、设计思想等的不同,桥梁结构尺寸整体偏小,且运营年限长,桥梁已表现出各种病害,影响结构安全,尤其是早期建设的 30 m 空心板结构形式桥梁,梁端斜向裂缝病害较为突出。

2.4.3.4　桥隧结构健康监测体系有待进一步完善

根据交通运输部《公路长大桥隧养护管理办法及相关规定》和《河南省"十四五"公路养护管理发展纲要》,应逐步建立健全长大桥隧结构监测体系,实现设施数字化。目前集团已分阶段推进 13 桥 1 隧结构健康监测试点项目实施,但桥隧健康监测体系尚不完善,需进行统筹规划。

2.5　交安设施技术状况评价

2.5.1　技术状况分析与评价

截至 2022 年年底,结合近年交安设施提升改造情况,目前集团所属高速公路主要交通安全设施（护栏）按单侧长度统计如下:参照"94 版规范"标准建设长度 6896.3 km,占

比 27.6%；参照"06 版规范"标准建设长度 9863.9 km，占比 39.5%；参照"17 版规范"标准建设长度 8239.4 km，占比 33.0%。各规范交安设施技术指标需求如下：

我国在 1994 年颁布了第一部技术规范《高速公路交通安全设施设计及施工技术规范》(JTJ 074—1994)。"94 版规范"仅有 A 级和 S 级两种护栏，要求高速公路路基护栏防护等级应不低于 A(Am)级，3 mm 的波形梁板厚，对应防护能量为 93 kJ。

随着我国经济和公路交通的不断发展，公路交通量和车型也发生变化，为适应公路交通的发展和安全需求，2006 年对"94 版规范"进行了修订并颁布了修订后的《公路交通安全设施设计规范》(JTG D81—2006)和《公路交通安全设施设计细则》(JTG/T D81—2006)等系列规范。"06 规范"进一步完善护栏等级，在"94 版规范"的基础上增加并加强了 B、SB、SA、SS 级护栏，删除了 S 级护栏。高速公路路基护栏的最低 A(Am)级防护等级对应的防护能量应达到 160 kJ；要求高速公路桥梁护栏的最低 SB(SBm)级防护等级对应的防护能量应达到 280 kJ，同时 A 级及以上等级护栏板厚度也由原来的 3 mm 调整为 4 mm，护栏的整体强度得到加强，高速公路主要应用最多等级的波形梁护栏为 A 级。

随后，交通运输部又对"06 规范"进行了修订，并于 2017 年 11 月发布了修订后的《公路交通安全设施设计规范》(JTG D81—2017)和《公路交通安全设施设计细则》(JTG/T D81—2017)等系列规范。"17 版规范"结合现场路网情况等级选取，要求高速公路护栏最低防护等级为 A(Am)级，对应防护能量为 160 kJ；路侧 3.5 m 及以上高度的边坡路段应设置 SB 级防护等级，对应防护能量为 280 kJ。

由以上我国交通安全设施技术规范的发展来看，公路护栏的安全性能从技术标准要求的角度在不断提升与完善，以适应相应时期的公路交通条件及安全需求。护栏防护等级对比见表 2-16。

表 2-16　护栏防护等级对比

相关规范	1994 版规范		2006 版规范					2017 版规范							
防护等级	A	S	B	A	SB	SA	SS	C	B	A	SB	SA	SS	HB	HA
防护能量/kJ	93	165	70	160	280	400	520	40	70	160	280	400	520	640	760

2.5.2　主要存在问题

2.5.2.1　老旧护栏存量大，防护能力与安全运营需求不匹配

集团所属高速公路依据"94 版规范"建设护栏长度占比 27.6%，该部分护栏已服役年限 17～20 年，超过波形梁护栏设计使用年限 15 年，护栏多数出现立柱锈蚀、损坏等老化现象，部分路段护栏高度和埋深不足且设计标准低，护栏防护性能不满足现行规范要求，需结合集团养护专项有计划地进行提升改造。

2.5.2.2　交安设施种类多，相互协调难度大

交通安全设施主要可以分为交通标志、交通标线、护栏、视线诱导设施、隔离栅、防落网、防眩设施、避险车道等设施，种类多，数量大，交安设施养护管理需充分考虑各个设施之间的协调配合，确保交安设施的整体性。

2.5.2.3　交安设施精细化程度有待提高

交通安全设施种类齐全，但精细化程度不高，部分护栏未有效连接过渡，如路侧护栏路桥过渡段、出入口分流段缓冲设施、迎交通流护栏端头等，影响护栏防护能力。另外，部分出入口标志标线未科学规范指引，如互通立交及出入口指路标志信息指引、标线渠化诱导等，一定程度上影响道路交通标志标线诱导效果。

2.6　路基高边坡技术状况评价

2.6.1　技术状况分析与评价

基于 2022 年 11 月《河南省高速公路自然灾害综合风险普查项目》及交投集团 2023 年 9 月组织的调查统计数据，集团管养高速公路中共有 817 处高边坡，其中路堑高边坡 707 处，占比 86.5%；路堤高边坡 110 处，占比 13.5%。路堑高边坡中，土质边坡 214 处，占比 30.3%；土石混合边坡 317 处，占比 44.8%；岩质边坡 176 处，占比 24.9%。见表 2-17。

表 2-17　集团路基高边坡（路堑）类型统计情况

项目	土质	土石混合	岩质
路堑高边坡	214 处	317 处	176 处
占比	30.3%	44.8%	24.9%

注：路堑高边坡 707 处，路堤高边坡 110 处。

集团管辖路段路基高边坡主要集中在洛阳、三门峡及南阳三处区域，其中，洛阳有高边坡 267 处，占比 32.7%，为各区域最高，其中挖方高边坡 220 处，占比 82.4%；三门峡有高边坡 245 处，其中挖方高边坡 222 处，占比 90.6%；南阳有高边坡 112 处，其中挖方高边坡有 110 处，占比 98.2%。见表 2-18。

表 2-18　集团路基高边坡地市分布统计情况

项目	洛阳	三门峡	南阳	其他
高边坡	267 处	245 处	112 处	193 处
占比	32.7%	30.0%	13.7%	23.6%

各区域高边坡分布图如图 2-22 所示,各管理公司高边坡数量统计见表 2-19。

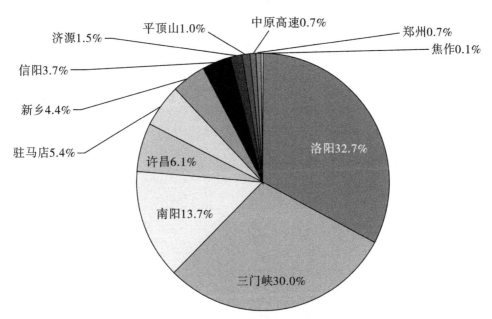

图 2-22　各区域高边坡分布图

表 2-19　各管理公司高边坡数量统计

序号	管养单位	总数量	建造方式		路堑边坡物质组成			坡面防护形式
			路堤边坡	路堑边坡	土质边坡	岩质边坡	土石混合边坡	
1	郑州分公司	6	0	6	4	0	2	植物防护,片石防护,骨架防护
2	开封分公司	0	0	0	0	0	0	—
3	洛阳分公司	267	47	220	77	31	112	植物防护,片石防护,挂网喷护,骨架防护,护面墙
4	平顶山分公司	8	0	8	8	0	0	植物防护,片石防护,挂网喷护

续表 2-19

序号	管养单位	总数量	建造方式		路堑边坡物质组成			坡面防护形式
			路堤边坡	路堑边坡	土质边坡	岩质边坡	土石混合边坡	
5	安阳分公司	0	0	0	0	0	0	—
6	鹤壁分公司	0	0	0	0	0	0	—
7	新乡分公司	36	8	28	0	27	1	植物防护,挂网防护,护面墙
8	焦作分公司	1	0	1	1	0	0	植物防护
9	濮阳分公司	0	0	0	0	0	0	—
10	许昌分公司	50	3	47	2	0	45	植物防护,片石防护,挂网喷护,护面墙
11	三门峡分公司	245	23	222	101	58	63	植物防护,片石防护,挂网喷护,骨架防护
12	南阳分公司	112	2	110	14	18	78	植物防护,片石防护,挂网喷护,骨架防护,护面墙
13	商丘分公司	0	0	0	0	0	0	—
14	信阳分公司	30	4	26	0	23	3	植物防护,片石防护,挂网喷护,护面墙
15	周口分公司	0	0	0	0	0	0	—
16	驻马店分公司	44	21	23	0	11	12	植物防护
17	济源分公司	12	0	12	4	8	0	植物防护,骨架防护
18	中原高速	6	2	4	3	0	1	植物防护,骨架防护
19	岳常高速	0	0	0	0	0	0	—

2.6.2　主要存在问题

2.6.2.1　技术管理不完善,缺乏成套技术体系

现阶段桥梁、隧道、路面、交安设施有定期检测报告指导下一年度的养护计划,而高边坡无专项的安全评估,高边坡养护主要依靠灾后处置,缺少主动防控、预测预警。各高速公路管理公司缺少专业岩土技术人员,对于边坡出现的表面病害现象,往往无法判断病害的深层次诱因,且缺乏成套的技术体系对边坡危险性类别进行量化来指导边坡的养护。

2.6.2.2　巡检手段落后,人工巡检问题突出

目前边坡日常养护主要依靠人工采用目视、敲击及触摸为主的巡检方式,巡查结果受主观意识影响比较大,缺乏先进设备对边坡病害进行智能识别。在汛期、夜晚以及暴雨等特殊条件下,有限的巡检人员巡查任务量大,耗费时间长。部分高边坡坡度高、坡体陡峭,更加增加了巡检的难度及巡检人员的危险系数。因此,目前的人工巡检存在危险系数高、劳动强度高、巡检效率低、巡检反应实时性差等突出问题。

2.6.2.3　异常恶劣天气较多,地质灾害频发

水是诱发边坡地质灾害的主要原因,近几年河南省汛期雨量明显增多,增加了高边坡地质灾害发生的概率。河南西南部山区地质情况复杂,洛阳地区边坡主要以滑坡灾害为主,三门峡、南阳地区常见坡体崩塌、落石现象。据统计,受高边坡病害影响较大的管理公司每年投入的路段清理及处置费用近千万元。

2.6.2.4　早期建设路段高边坡建设不规范

集团管辖路段内较多边坡无检修踏步,无形中给边坡巡检增加了难度。高边坡排水系统不合理,很多边坡坡顶无截水沟,设置截水沟的边坡没有合理根据地形地貌布置,导致后期高边坡的水无法正常排放,造成边坡发生灾害。

2.6.2.5　高边坡监测体系有待完善

边坡的灾变是一个从缓慢量变到质变的过程,可以采用物联网监测技术对边坡的变形进行长期监测,通过大数据分析提前识别灾变前兆并进行预警。目前高速公路沿线基础设施中,桥梁及隧道工程设立的监测设备较多且监测系统日趋完善,但是省内有记录的已搭建的高边坡监测预警系统仅有呼北高速 K1002 处高边坡、洛卢高速上戈收费站高边坡。

2.7　养护投入分析评价

搜集 2013—2021 年河南省收费公路统计公报和交通运输部收费公路统计公报,分析结果显示:

（1）通行费收入高。近10年河南省高速公路平均每公里通行费收入453.4万,全国平均每公里通行费收入359.8万,是全国平均水平的1.26倍,这里河南省高速公路在全国路网中的地理位置重要性、交通量大的体现。如图2-23所示。

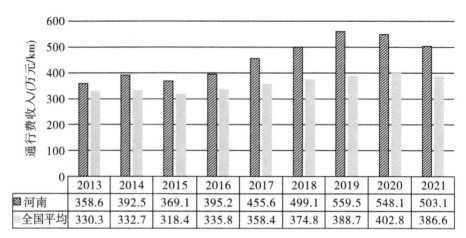

	2013	2014	2015	2016	2017	2018	2019	2020	2021
河南	358.6	392.5	369.1	395.2	455.6	499.1	559.5	548.1	503.1
全国平均	330.3	332.7	318.4	335.8	358.4	374.8	388.7	402.8	386.6

图2-23　集团和全国平均通行费收入统计

（2）养护支出偏低。近10年河南省高速公路平均每公里养护支出32.2万,全国高速公路平均每公里养护支出39.7万,是全国平均水平的81.1%;其中2019年之前河南省高速公路养护支出25.1万/km,是全国平均水平65.2%。如图2-24所示。

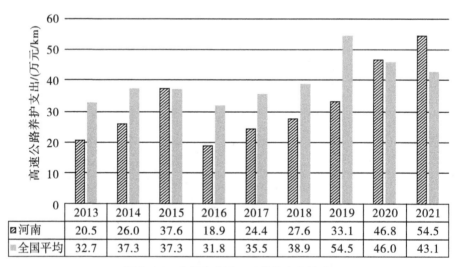

	2013	2014	2015	2016	2017	2018	2019	2020	2021
河南	20.5	26.0	37.6	18.9	24.4	27.6	33.1	46.8	54.5
全国平均	32.7	37.3	37.3	31.8	35.5	38.9	54.5	46.0	43.1

图2-24　集团和全国平均养护支出统计

（3）支出/收入比低。近10年集团高速公路平均支出/收入比为7.1%,全国平均为11.1%。

（4）近年稳步增长。2016—2021年平均每公里养护支出和支出/收入比均稳步增长,2021年养护支出为54.5万/km,支出/收入比10.8%,基本达到全国平均水平。如图2-

25 所示。

集团高速公路养护支出和支出/收入比均高于河南省高速公路平均水平。

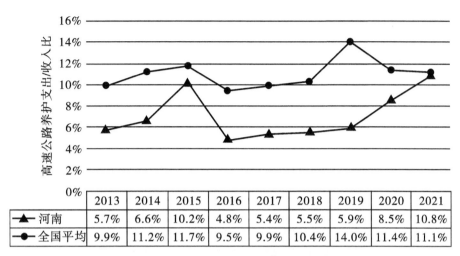

	2013	2014	2015	2016	2017	2018	2019	2020	2021
河南	5.7%	6.6%	10.2%	4.8%	5.4%	5.5%	5.9%	8.5%	10.8%
全国平均	9.9%	11.2%	11.7%	9.5%	9.9%	10.4%	14.0%	11.4%	11.1%

图 2-25　集团和全国平均养护支出/收入比统计

（5）养护投入同排名靠前省份仍有一定差距。目前达到或超出全国平均水平,但与排名靠前省份仍有一定差距。如图 2-26、图 2-27 所示。

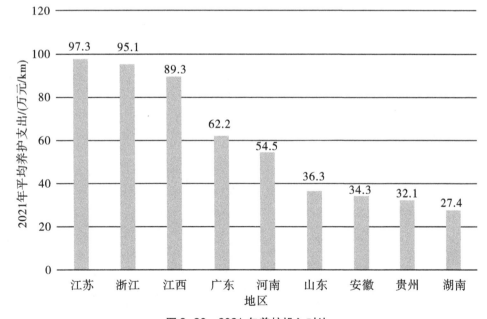

图 2-26　2021 年养护投入对比

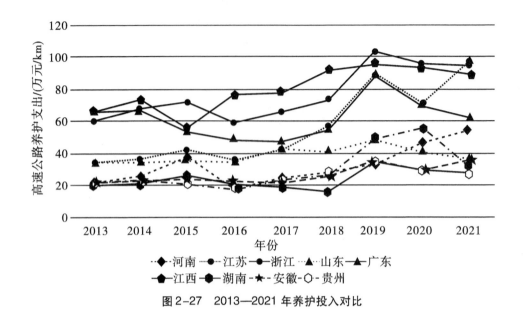

图 2-27　2013—2021 年养护投入对比

2.8　养护新技术总结评价

根据《河南省"十四五"公路养护管理发展纲要》《河南高速公路养护交通强国试点实施方案》等政策、办法文件,近年集团依托高速公路养护工程项目,通过开展新技术、新材料、新工艺、新设备等"四新"技术试验应用和科研创新攻关,形成了一系列高速公路基础设施可复制、可推广的养护新技术,主要总结评价如下:

2.8.1　路面

2.8.1.1　预防养护技术

加强路面表面功能性快速提升,开展新型路面预防性养护技术研究与应用,研发了兼顾低噪声与强耐磨性能的新型微表处材料,兼顾抗裂与抗滑性能的新型复合封层,在京港澳驻信段、淮内高速淮息固段规模化应用。另外,选取合适路段试点应用了钢渣微表处、钢渣集料冷铺抗滑磨耗层、冷拌冷铺超薄磨耗层、DCT 超粘极薄罩面、ARCP 高抗飞散冷拌罩面、AC-5C 沥凝冰抗滑超薄磨耗层等技术,其中钢渣集料冷铺抗滑磨耗层是指在沥青路面上冷铺钢渣集料冷拌稀浆混合料形成的能够改善路表抗滑性能,厚度为1.0～1.5 cm 的路表功能层,《钢渣集料冷铺抗滑磨耗层施工技术规程》河南省地方标准已通过行业审查。另外,编制的《高速公路沥青路面预防养护技术规范》（DB41/T 894—2024）河南省地方标准已发布实施。

2.8.1.2　循环再生技术

大力推广应用循环再生技术,沪陕高速信南段、盐洛高速永城段、新阳高速化新段就地热再生 1278 车道公里,连霍高速郑洛段北幅大修厂拌热再生循环废料利用率 25% 以上,乳化沥青和泡沫沥青厂拌冷再生循环废料利用率 60% 以上。沪陕高速信南段就地热再生工程荣获"省优质工程",并获评国家级工法,编制的《公路沥青路面就地热再生技术规范》(DB41/T 2247—2022)河南省地方标准已发布实施。目前已形成就地热再生技术体系,已具备厂拌热再生、厂拌冷再生技术推广应用条件,为后续循环再生利用奠定基础。另外,成功试点应用了钢渣沥青混凝土面层,该技术不仅能够降低养护成本和延长路面寿命,还能有效提升道路抗滑性能,同时可以降低固体废物污染、减少碳排放与能源消耗,有助于实现经济、社会与环保效益的协同提升。

2.8.1.3　深层病害非开挖处治技术

随着高速公路运营年限和交通量增加,部分路段出现不同程度的深层病害,如基层开裂、脱空、松散等,影响路面结构耐久性和使用寿命。传统挖补修复方法往往存在易复发、耐久性差等问题。通过近几年的应用推广,高聚物注浆非开挖微创修复技术不仅可有效填充路面结构内部的空隙和裂缝,增强路面整体性,延长路面使用寿命;还可以提高施工效率,降低养护成本,目前已得到广泛应用,编制的《路面深层病害高聚物注浆处治技术规范》(项目编号:20242110056)河南省地方标准获批立项,已完成征求意见阶段。

2.8.1.4　聚合物胶乳复合改性乳化沥青材料

面向水泥混凝土桥面铺装结构、路面沥青面层间处治、路面预防性养护等应用场景,河南省中工设计研究院集团股份有限公司和交通运输行业公路建设与养护技术、材料及装备研发中心(郑州)研发了聚合物复合胶乳,可制备性能梯度化的改性乳化沥青材料,如 PCR 改性乳化沥青、BCR 改性乳化沥青、高黏改性乳化沥青等,具有软化点高、延度高、弹性恢复好、黏结强度高等特点,可提升高温稳定性,降低低温脆硬性,增强长效黏弹性,提高基材黏附性等优势,可满足便捷性、高标准、精细化的路面工程建养需求,现已成功应用于连霍高速郑州段服务品质提升路面工程,菏宝高速焦作段、新乡段改建工程,连霍高速商丘段养护工程等项目。

2.8.2　桥隧

2.8.2.1　空心板桥梁维修加固技术

2021—2023 年对京港澳高速驻信段 30m 空心板桥梁进行维修加固,通过不断总结经验,形成了一套完整的空心板桥梁维修加固技术,编制的《空心板梁维修加固技术规程》(T/CCTAS 191—2025)中国交通运输协会团体标准已发布实施。

2.8.2.2　体外预应力加固技术

2023 年结合连霍高速三门峡段桥梁病害情况,对实施体外预应力加固的桥梁进行监测和科研,通过长期跟踪观察,设置一系列监测设施,解决了现阶段体外预应力加固后的管养问题,实现了加固后桥梁的数据可视化,补齐体外预应力加固管养短板,强化运行监测检测水平,提高养护专业化、信息化。

2.8.2.3　水下桩基加固技术

2022 年结合京港澳高速卫共特大桥桩基水下施工困难情况,采用"夹克法"加固桩基,可直接在水下施工,施工便捷,同时具有良好的耐久性能,编制的《夹克法桩基加固设计施工技术规程》(DB41/T 2244—2022)河南省地方标准已发布实施。

图2-28　"夹克法"加固桩基技术

2.8.2.4　边梁抗水损坏预防养护技术

对桥梁边梁外侧水侵蚀病害采用涂刷硅烷防腐材料及增设滴水檐进行处理,完善边梁抗水损坏预防养护技术。

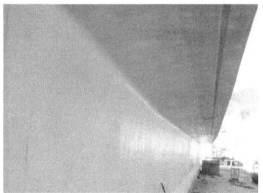

图2-29　边梁防腐及增设滴水檐

2.8.2.5　裂缝 ECC 材料修补技术

桥梁结构物带裂工作是常态,传统裂缝修补材料主要是粘贴加固和注胶加固,虽能短期解决渗水问题,但缺点是易老化易剥离耐久性差,裂缝需反复修补,传统的裂缝修补方法无法满足混凝土结构物"控裂和耐久"的需求。为了解决混凝土结构物裂缝需频繁修补问题,研发了一种兼具高起裂敏感性、高抗拉强度、高延性的 ECC 材料,不仅可控制干缩裂缝发展,对荷载裂缝也具有持续控裂作用,满足桥梁裂缝维修后的控裂和抗渗耐久需求,大大减少重复养护次数。

2.8.2.6　高耐久性橡胶支座技术

桥梁服役中受重载、高温、臭氧老化等影响,以及添加再生胶等生产问题,导致支座剪切性能下降而出现开裂、不均匀变形,缩减支座的使用寿命。针对高耐久性橡胶支座研制与性能开展重点研究,以解决橡胶支座老化开裂、不均匀空鼓变形等老化性能差的技术难题,研发成果得到了一致好评。

通过养护工程经验总结,编制的《高速公路桥涵预防养护技术规范》(DB41/T 895—2023)、《高速公路隧道土建工程预防养护技术规范》(DB41/T 896—2023)河南省地方标准已发布实施。

2.8.3　交安设施

2.8.3.1　混凝土护栏防腐技术

混凝土防撞护栏作为受外部环境影响最恶劣的部件,防撞护栏表面多存在混凝土破损、剥落情况,严重的已经出现露筋、锈胀等,针对桥梁混凝土结构耐久性病害,集团高度重视,针对桥梁混凝土结构耐久性病害采用了一系列措施及成套技术方案。如硅烷防腐技术方案、柔性混凝土防腐技术等,其中针对柔性混凝土防腐技术编制了《混凝土防撞护栏柔性混凝土防腐涂装施工标准化管理手册》。《高速公路混凝土结构防腐技术规程》河南省地方标准获批立项,已完成征求意见阶段。

图 2-30　硅烷防腐实施效果

图 2-31　柔性混凝土防腐实施效果

2.8.3.2 波形梁护栏利旧技术

河南省内高速公路波形梁护栏参照"94 版规范"标准建设规模占比 27.0%，参照 "06 版规范"标准建设规模占比 38.6%，参照"17 版规范"标准建设规模占比 34.3%。按 照 94 版规范波形梁护栏及 06 版规范波形梁护栏建设的高速公路，已进入大修周期，主要 面临防护等级不足和不满足路面加铺需求的问题。

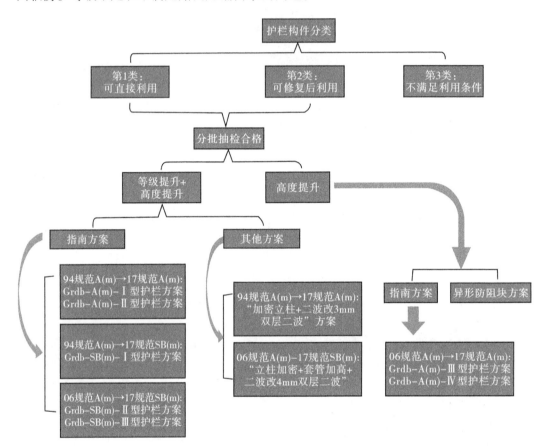

图 2-32　94 版规范、06 版规范波形梁护栏综合利旧方案

2.8.4 **路基**

2.8.4.1 高边坡监测与加固技术

高边坡监测采用北斗、雨量计、测斜仪等监测方式，选择典型高边坡工点开展牛顿力 （NPR）智能监测，并尝试无人机智能巡检。同时，强化顶层设计，搭建河南交投集团高速 公路综合管理平台，建设高边坡安全监测子系统，强化多源数据融合能力，实时分析外场 监测数据信息，对边坡进行全时段监测，及时、准确评估坡体稳定性，提升边坡主动感知、 提前预警与科学决策能力。

2.8.4.2 黄土地区水毁防治技术

2021 年 7 月 20 日河南省遭遇历史罕见强降雨,省内部分地区交通运输基础设施损坏严重,特别是穿越黄土地区的连霍高速郑洛段、洛三段等受损严重。为减少此类现象的发生,提高黄土地区公路的抗灾能力,有效地治理灾害,实现"预防为主,防治结合"的方针,根据黄土地区公路水毁特点,对不同类型水毁的防治方法建立相应的标准,编制的《黄土地区公路路基水毁防治技术规范》(DB41/T 2770—2024)河南省地方标准已发布实施。

2.9 小结

根据对集团路网现状分析和评价结果,总结如下:

(1)三年行动(2021—2023 年)养护成效显著

根据 2019—2022 年路面技术状况省检数据,集团所属高速公路路面技术状况各指标均值均逐年增长,2022 年年底平均路面使用性能指数(PQI)达到 93.6,优良路率达到 99.9%,其中路面破损状况指数(PCI)均值达到 93.51,处于"优"水平,最大年增长率为 2.9%。一、二类桥隧比例达到 99.0%,无四、五类桥隧,无重大安全运营隐患。交通运输部 2022 年度国家公路网技术状况监测中取得路面技术状况指数全国第一的成绩。

(2)运营里程长、重点路段多、路龄普遍高

集团运营高速公路里程 6251.3 公里,约占全省高速公路运营里程 8009.4 公里的 76.0%,所属路段基本包含省内所有的国省干线等重点路段,另外运营年限>15 年的路段占比达 39.6% ,>10 年的路段占比达 60.1%,路龄普遍高。

(3)路面养护体量大,后续养护管理任务重

三年行动期间(2021—2023 年)路面养护处治规模 45.8%,目前剩余未养护处治路段占比约 37.2%,养护体量仍较大,另外重点路段剩余未养护处治占比约 37.6%,规模较大。未养护处治路段路面技术状况持续衰减,影响整体路面技术状况水平,后续养护管理任务重。

(4)桥隧耐久性病害养护及时,结构健康监测体系有待完善

桥隧常规耐久性病害养护及时,对新发现的三类桥隧及时列入维修计划并于次年 100% 完修复,对长大桥隧分年度实施预防养护。近 2 年特大桥梁健康监测内容开始成为桥隧养护专项的重点内容之一,但缺乏总体规划,结构健康监测体系尚不完善。

(5)护栏安全防护能力提升明显,交安设施精细化程度有待提高

2021—2023 年集团对使用 15 年以上且存在安全隐患的护栏进行分年度提升改造,改造规模占比约 10.0%,高速公路护栏的安全防护能力得到明显提升,满足当下交通条件及安全需求。高速公路交通安全设施种类齐全,但部分护栏未有效连接过渡,部分出入口标志标线未科学规范指引,交通安全设施精细化程度有待提高。

(6)路基边坡以灾后处治为主,缺少预测预警、主动防控

路基边坡水毁病害养护处治及时,对新出现的路基水毁病害按照应急养护和专项养护完成修复,2023 年路基养护专项资金投入 1.07 亿元。由于高边坡养护面临数量多、地质情况复杂、灾害类型不一、养护管理任务重等难题,现阶段在高边坡养护上主要以人工巡检、灾后处治为主,缺少预测预警、主动防控,高边坡处治和监测预警有待加强。

（7）养护支出投入偏低,同排名靠前省份有一定差距

近 10 年河南省高速公路平均养护支出/收入比为 7.1%,全国平均为 11.1%。2016—2021 年平均每公里养护支出和支出/收入比均稳步增长,2021 年基本达到全国平均水平,但与排名靠前省份仍有一定差距。

第 3 章

养护规划范围及单元划分

根据各路段的运营年限、养护历史和现状路面使用性能指数 PQI,并结合近 3 年改扩建计划,建立养护规划路段范围模型,确定 2024—2026 年的养护规划路段范围。为细化养护规划方案,综合考虑规划范围内各路段的地市区域分布、养护规模大小、养护历史等因素划分规划单元。

3.1 路面

3.1.1 规划范围

目前集团高速公路运营里程 6251.3 公里,共计 30337.6 车道公里。路面养护规划范围确定原则主要考虑因素为运营年限、养护历史和现状路面使用性能指数 PQI 情况,并结合近年改扩建计划,据此本次路面养护规划的范围不包含以下 4 类路段:

(1)运营年限≤5 年路段,以建设缺陷责任期维修和日常养护为主;

(2)三年行动期间(2021—2023 年)已实施养护专项工程且已处治完成的路段,以日常养护为主;

(3)现状路面使用性能指数 PQI≥95 的路段,以日常养护为主;

(4)近年具有改扩建实施计划的路段,以日常养护为主。

根据路面养护规划范围确定原则,建立路面养护规划范围模型如下:

$$IF\begin{cases}[t \leq 5]\\ [m \in (2021{-}2023\ \text{年处治完成})]\\ [PQI \geq 95]\\ [\text{近年具有改扩建实施计划}]\end{cases} = \text{“不纳入路面养护规划范围”} \quad (3\text{-}1)$$

式中 t ——运营年限;

m ——养护历史;

PQI——路面使用性能指数。

根据路面养护规划段范围模型,确定 2024—2026 年的路面养护规划范围路段,具体见表 3-1 和表 3-2。

表3-1 不纳入路面养护规划范围路段（2024—2026年）

序号	路段名称	起点桩号	终点桩号	养护口径里程（公里）	运营年限	影响因素				养护规划路段范围模型				
						养护历史		路面使用性能指数PQI	近年是否改扩建计划	是否≤5年	是否于2021—2023年处治完成	PQI是否≥95	近年是否有改扩建计划	是否纳入规划范围
						主要方案	已处治情况							
1	G4京港澳高速原新段	K597+526	K639+000	41.474	20	加铺罩面	2021—2022年基本处治完成	94.62	是	否	是	否	是	否
2	G4京港澳高速郑州段	K667+500	K690+400	22.900	20	加铺罩面	2023年处治完成	92.82	否	否	是	否	否	否
3	G30连霍高速商丘东段	K291+000	K360+960	69.960	23	铣刨重铺	2021年,2023年处治完成	90.46	是	否	是	否	是	否
4	G30连霍高速郑州段	K528+100	K562+900	34.800	10	加铺罩面	2022年处治完成	96.89	否	否	是	是	否	否
5	G30连霍高速郑州段	K562+900	K600+200	37.300	16	加铺罩面	2022年处治完成	96.35	否	否	是	是	否	否
6	G30连霍高速洛阳段	K650+000	K705+910	55.910	12	上行大修,下行铣刨重铺	2022年上行处治完成,2020—2022年下行处治完成	95.53	否	否	是	是	否	否
7	G45大广高速濮阳段	K1776+154	K1835+593	59.439	18	加铺罩面	2023年处治完成	91.81	否	否	是	否	否	否

续表 3-1

序号	路段名称	起点桩号	终点桩号	养护口径里程（公里）	运营年限	养护历史		路面使用性能指数PQI	近年是否改扩建计划	是否≤5年	是否于2021—2023年处治完成	PQI是否≥95	近年是否有改扩建计划	是否纳入规划范围
						主要方案	已处治情况							
8	C45大广高速新乡段	K1877+636	K1915+850	38.214	18	铣刨重铺	2021年基本处治完成	94.35	否	否	是	否	否	否
9	C45大广高速息光段	K2186+805	K2252+718	65.913	17	加铺罩面	2021—2022年处治完成	96.18	否	否	是	是	否	否
10	G40沪陕高速叶信东段	K764+000	K900+000	136.000	19	加铺罩面	2021—2023年处治完成	94.46	否	否	是	否	否	否
11	C40沪陕高速信南东段	K949+400	K989+403	40.003	18	就地热再生	2021—2022年处治完成	94.49	否	否	是	否	否	否
12	G3511菏宝高速新乡段	K152+155	K202+512	50.357	17	加铺罩面+铣刨重铺	2021年,2023年处治完成	94.82	否	否	是	否	否	否
13	G3511菏宝高速焦作至修武段	K202+512	K231+937	29.425	17	加铺罩面+铣刨重铺	2021年,2023年处治完成	95.23	否	否	是	是	否	否
14	G3511菏宝高速焦作段	K231+937	K281+433	49.496	19	加铺罩面+铣刨重铺	2021年,2023年处治完成	93.53	否	否	是	否	否	否

续表 3-1

序号	路段名称	起点桩号	终点桩号	养护口径里程（公里）	运营年限	影响因素			养护规划路段范围模型					
						养护历史		路面使用性能指数 PQI	近年是否改扩建计划	是否≤5 年	是否于 2021—2023 年处治完成	PQI 是否≥95	近年是否有改扩建计划	是否纳入规划范围
						主要方案	已处治情况							
15	G3511 菏宝高速济源至焦作段	K281+433	K287+565	6.132	19	铣刨重铺	2021 年处治完成	96.32	否	否	是	是	否	否
16	G5512 晋新高速新庄至原阳段	K105+956	K118+716	12.760	20	铣刨重铺	2020 年、2022 年分散处治 88%	90.02	是	否	否	否	是	否
17	G55 二广高速济源至洛阳段	K1102+555	K1123+755	21.200	19	铣刨重铺	2021 年、2023 年处治完成	91.82	否	否	是	否	否	否
18	G55 二广高速济源至洛阳段	K1123+755	K1139+000	15.245	19	铣刨重铺	2021 年、2023 年基本处治完成	91.49	否	是	是	否	否	否
19	G55 二广高速济源至洛阳段	K1139+000	K1148+643	9.643	4	—	运营年限≤5 年	97.61	否	是	否	是	否	否
20	G1516 盐洛高速永城段	K448+000	K493+936	45.936	13	就地热再生	2023 年处治完成	94.27	否	否	是	否	否	否

续表3-1

序号	路段名称	起点桩号	终点桩号	养护口径里程（公里）	影响因素					养护规划路段范围模型				
					运营年限	养护历史		路面使用性能指数PQI	近年是否改扩建计划	是否≤5年	是否干2021—2023年处治完成	PQI是否≥95	近年是否有改扩建计划	是否纳入规划范围
						主要方案	已处治情况							
21	G1516盐洛高速许昌至扶沟段	K651+659	K679+489	27.830	17	铣刨重铺	2022—2023年处治完成	95.63	否	否	是	是	否	否
22	G0321德上高速范县段	K212+028	K231+633	19.605	9	铣刨重铺	2023年处治完成	93.05	否	否	是	否	否	否
23	G59呼北高速豫晋省界至灵宝段	K871+832	K877+000	5.168	5	—	运营年限≤5年	95.91	否	是	否	是	否	否
24	S25安罗高速二期	K0+000	K45+102	45.102	6	—	2021年处治沉陷工点	95.63	否	否	否	是	否	否
25	S92洛卢高速洛宁至卢氏段	K68+707	K97+613	28.906	12	—	2020年铣刨重铺治84%，基本处治完成	94.13	否	否	是	否	否	否
26	S95济洛高速洛阳西段	K36+400	K59+230	23.784	4	—	运营年限≤5年	96.14	否	是	否	是	否	否

续表 3-1

序号	路段名称	起点桩号	终点桩号	养护口径里程（公里）	运营年限	影响因素 养护历史 主要方案	已处治情况	路面使用性能指数 PQI	近年是否改扩建计划	是否≤5年	是否于2021—2023年处治完成	PQI是否≥95	近年是否有改扩建计划	是否纳入规划范围
27	S88 郑栾高速尧山至栾川段	K179+536	K257+114	77.578	4	—	运营年限≤5年	97.61	否	是	否	是	否	否
28	S57 渑淅高速渑洛段	K55+685	K80+836	25.151	2	—	运营年限≤5年		否	是	否		否	否
29	S81 商南高速周口至南阳段	K164+140	K359+379	195.239	4	—	运营年限≤5年	94.01	否	是	否	否	否	否
30	濮卫高速安阳段	K0+000	K27+174	27.174	2	—	运营年限≤5年		否	是	否		否	否
31	鹤辉高速	K0+000	K61+220	61.220	2	—	运营年限≤5年		否	是	否		否	否
32	濮卫高速新乡段	K27+080	K58+940	31.860	2	—	运营年限≤5年		否	是	否		否	否
33	S87 郑云高速郑武段	K0+000	K28+638	28.638	11	超薄磨耗层	2022年处治完成	97.19	否	否	是	是	否	否

续表 3-1

序号	路段名称	起点桩号	终点桩号	养护口径里程（公里）	影响因素						养护规划路段范围模型				
					运营年限	养护历史		路面使用性能指数PQI	近年是否改扩建计划		是否≤5年	是否于2021—2023年处治完成	PQI是否≥95	近年是否有改扩建计划	是否纳入规划范围
						主要方案	已处治情况								
34	沿太行高速新乡段	K0+028	K29+562	29.534	2	—	运营年限≤5年		否		是	否		否	否
35	S26台辉高速濮鹤段	K98+000	K99+340	1.340	20	加铺罩面	2023年处治完成	94.55	否		否	是	否	否	否
36	S26台辉高速台范段	K13+007	K37+551	24.544	5	—	运营年限≤5年	96.34	否		是	否	是	否	否
37	S26台辉豫鲁界至范县段暨黄河特大桥	K0+000	K13+007	13.007	4	—	运营年限≤5年	97.73	否		是	否	是	否	否
38	濮卫高速濮阳段	K0+000	K39+700	39.700	2	—	运营年限≤5年		否		是	否		否	否
39	濮商高速濮阳段	K0+000	K33+916	33.916	2	—	运营年限≤5年		否		是	否		否	否
40	S75三门峡公铁桥河南段及南引桥	K0+881	K3+063	2.182	3	—	运营年限≤5年		否		是	否		否	否

续表3-1

序号	路段名称	起点桩号	终点桩号	养护口径里程（公里）	影响因素				养护规划路段范围筛选模型				
---	---	---	---	---	运营年限	养护历史		路面使用性能指数 PQI	近年是否改扩建计划	是否≤5年	是否于2021—2023年处治完成	PQI是否≥95	近年是否有改扩建计划	是否纳入规划范围
						主要方案	已处治情况							
41	S57渑池至垣曲高速河南段	K0+000	K40+214	40.214	3	—	运营年限≤5年	96.45	否	是	否	是	否	否
42	S86-12阕垣高速古城联络线	K0+000	K18+065	18.065	3	—	运营年限≤5年		否	是	否		否	否
43	连霍呼北高速联络线	K0+000	K27+407	27.407	2	—	运营年限≤5年		否	是	否		否	否
44	S57渑淅高速栾洛段	K40+214	K55+685	15.471	2	—	运营年限≤5年		否	是	否		否	否
45	S57渑淅高速栾川至双龙段	K120+000	K168+358	48.358	3	—	运营年限≤5年	97.59	否	是	否	是	否	否
46	S88郑西高速双龙至西峡段	K168+358	K181+758	13.400	2	—	运营年限≤5年		否	是	否		否	否

续表 3-1

序号	路段名称	起点桩号	终点桩号	养护口径里程（公里）	运营年限	影响因素		路面使用性能指数 PQI	近年是否改扩建计划	养护规划路段范围模型				
						养护历史				是否≤5年	是否于2021—2023年处治完成	PQI是否≥95	近年是否有改扩建计划	是否纳入规划范围
						主要方案	已处治情况							
47	S57渑浙高速西渑段	K181+758	K234+519	52.761	2	—	运营年限≤5年		否	是	否		否	否
48	S62淮内高速息县至邪集段	K59+415	K158+165	98.750	5	—	运营年限≤5年	94.67	否	是	否	否	否	否
49	安罗高速信阳段	K127+940	K149+160	21.220	2	—	运营年限≤5年		否	是	否		否	否
50	许信高速信阳段	K155+971	K171+933	15.962	2	—	运营年限≤5年		否	是	否		否	否
51	许信高速驻马店段	K74+850	K155+971	81.121	2	—	运营年限≤5年		否	是	否		否	否
52	安罗高速驻马店段	K0+000	K127+940	127.940	2	—	运营年限≤5年		否	是	否		否	否
53	S95济洛高速济源至阳城段	K0+000	K18+965	18.965	5	—	运营年限≤5年	96.97	否	是	否	是	否	否

续表 3-1

序号	路段名称	起点桩号	终点桩号	养护口径里程（公里）	影响因素					养护规划路段范围圈模型				
					运营年限	养护历史		路面使用性能指数 PQI	近年是否改扩建计划	是否≤5年	是否于2021—2023年处治完成	PQI是否≥95	近年是否有改扩建计划	是否纳入规划范围
						主要方案	已处治情况							
54	S95 济洛高速济源至洛阳西段	K18+965	K35+530	16.565	4	—	运营年限≤5年	95.22	否	是	否	是	否	否
55	S95 济洛高速济源至洛阳段	K35+530	K36+400	0.870	4	—	运营年限≤5年	96.91	否	是	否	是	是	否
56	S88 郑栾高速郑许段	K0+000	K82+910	82.910	17	铣刨重铺	2019—2022年全车道处治完成	94.49	否	否	是	否	否	否
57	G0321 德上高速永城段二期	K479+907	K495+046	15.139	9		2022年处治完成	95.82	否	否	是	是	否	否
58	G0321 德上高速永城段一期	K495+046	K536+066	41.020	12	铣刨重铺	2021—2022年处治完成	96.42	否	否	是	是	否	否
59	S61 商登高速南互通至航空港区	K145+496	K161+496	16.000	9	—	2023年处治沉陷工点	95.06	否	否	是	是	否	否

表3-2 纳入路面养护规划范围路段（2024—2026年）

序号	路段名称	起点桩号	终点桩号	养护口径里程（公里）	运营年限	影响因素		路面使用性能指数PQI	近年是否改扩建计划	养护规划路段范围模型				
						养护历史				是否≤5年	是否于2021—2023年处治完成	PQI是否≥95	近年是否有改扩建计划	是否纳入规划范围
						主要方案	已处治情况							
1	C4京港澳高速安阳段	K484+358	K531+612	47.254	14	精表处	2021年分散处治5%	93.32	否	否	否	否	否	是
2	C4京港澳高速鹤壁段	K531+612	K568+960	37.348	14	精表处	2021年分散处治25%	93.69	否	否	否	否	否	是
3	C4京港澳高速新乡段	K568+960	K597+526	28.566	14	精表处	2021年分散处治23%	92.79	否	否	否	否	否	是
4	C4京港澳高速郑州段	K639+000	K667+500	28.500	20	加铺罩面	2018年,2021年处治完成	93.36	否	否	否	否	否	是
5	C4京港澳高速驻信段	K873+306	K931+610	58.304	9	低噪声微表处+抗滑复合封层	2023年下行处治完成，上行未处治	91.41	否	否	否	否	否	是
6	C4京港澳高速驻信段	K931+610	K1007+338	75.728	9	低噪声微表处+抗滑复合封层	2023年下行K931－K954处治完成，剩余未处治	92.61	否	否	否	否	否	是

续表3-2

序号	路段名称	起点桩号	终点桩号	养护口径里程（公里）	运营年限	养护历史 主要方案	养护历史 已处治情况	路面使用性能指数PQI	近年是否改扩建计划	是否≤5年	是否于2021—2023年处治完成	PQI是否≥95	近年是否有改扩建计划	是否纳入规划范围
7	G30连霍高速商丘西段	K360+960	K467+610	106.650	9	铣刨重铺	2020年,2023年2车道分散处治28%,3车道分散处治45%	90.86	否	否	否	否	否	是
8	G30连霍高速开封段	K467+610	K528+100	60.490	10	—	基本未处治	87.31	否	否	否	否	否	是
9	G30连霍高速郑州段	K600+200	K650+000	49.800	13	上行大修,下行铣刨重铺	2022年上行处治完成,2020—2023年下行分散处治35%	94.11	否	否	否	否	否	是
10	G30连霍高速洛阳段	K705+910	K734+700	28.790	9	铣刨重铺	2021—2023年基本治完成	93.57	否	否	否	否	否	是
11	G30连霍高速洛阳段	K734+700	K748+216	13.516	9	铣刨重铺	2021—2023年基本治完成	94.07	否	否	否	否	否	是
12	G30连霍高速三门峡段	K748+216	K901+030	152.814	9	铣刨重铺	2020—2023年分散处治55%	93.65	否	否	否	否	否	是

续表 3-2

序号	路段名称	起点桩号	终点桩号	养护口径里程（公里）	运营年限	影响因素		路面使用性能指数PQI	近年是否扩建计划	养护规划路段范围模型				是否纳入规划范围
						养护历史				是否≤5年	是否于2021—2023年处治完成	PQI是否≥95	近年是否有改扩建计划	
						主要方案	已处治情况							
13	G45大广高速省界段	K1762+000	K1776+154	14.154	14	精表处	2021年基本处治完成	94.13	否	否	是	否	否	是
14	G45大广高速安阳滑县段	K1835+593	K1877+636	42.043	18	铣刨重铺	2021年处治44%	93.73	否	否	否	否	否	是
15	G45大广高速开通段	K1929+660	K1993+888	64.228	18	铣刨重铺	2019—2021年处治完成	92.74	否	否	否	否	否	是
16	G45大广高速扶沟至项城段	K1993+888	K2134+678	140.790	18	铣刨重铺	2020—2022年处治完成	93.27	否	否	否	否	否	是
17	G40沪陕高速叶信西段	K900+000	K949+400	49.400	19	—	基本未处治	91.15	否	否	否	否	否	是
18	G40沪陕高速信南西段	K989+403	K1132+304	142.901	18	就地热再生+铣刨重铺	剩余上行K1024—K1076未处治	94.17	否	否	否	否	否	是
19	G40沪陕高速南阳至西坪段	K1132+304	K1282+821	150.517	17	加铺罩面	剩余K1156—K1189未处治	94.07	否	否	否	否	否	是

续表3-2

序号	路段名称	起点桩号	终点桩号	养护口径里程（公里）	运营年限	影响因素				养护规划路段范围模型				
						养护历史		路面使用性能指数 PQI	近年是否改扩建计划	是否≤5年	是否干2021—2023年处治完成	PQI是否≥95	近年是否有改扩建计划	是否纳入规划范围
						主要方案	已处治情况							
20	G3511 菏宝高速济源至垣部原段	K294+472	K354+243	59.771	16	加铺罩面+铣刨重铺	剩余上行K294-K343/K348-K354未处治	91.39	否	否	否	否	否	是
21	G3001 郑州西南绕城高速	K0+000	K51+558	51.558	19	加铺罩面	2019年，2021年处治完成	94.75	否	否	否	否	否	是
22	G36 宁洛高速洛阳西南绕城段	K719+324	K755+368	36.044	19	—	2020年分散铣刨重铺处治40%	90.62	否	否	否	否	否	是
23	G35 济广高速商丘段	K343+000	K400+449	57.449	19	铣刨重铺	2019—2021年处治完成	92.68	否	否	否	否	否	是
24	G55 二广高速汝鑫段	K1194+804	K1221+584	26.780	16	微表处	2020—2021年分散处治67%	92.59	否	否	否	否	否	是
25	G55 二广高速分水岭至南阳段	K1285+249	K1359+548	74.299	16	铣刨重铺	2020年分散微表处28%，2023年全车道铣刨重铺20%	91.63	否	否	否	否	否	是

续表3-2

序号	路段名称	起点桩号	终点桩号	养护口径里程（公里）	运营年限	养护历史		影响因素	近年是否改扩建计划	养护规划路段范围模型				
						主要方案	已处治情况	路面使用性能指数PQI		是否≤5年	是否于2021—2023年处治完成	PQI是否≥95	近年是否有改扩建计划	是否纳入规划范围
26	G1516 盐洛高速禹州至登封段	K746+258	K794+638	48.380	17	铣刨重铺+就地热再生	2020—2021年处治完成	94.28	否	否	否	否	否	是
27	G1516 盐洛高速少林寺至郑州段	K796+834	K831+500	34.666	19	铣刨重铺	2020年分散处治10%,2021年全车道处治下行K798-K810	91.95	否	否	否	否	否	是
28	G1516 盐洛高速郑州至洛阳段	K831+500	K855+595	24.095	19	—	2020年分散铣刨重铺处治35%	92.70	否	否	否	否	否	是
29	G0421 许广高速舞钢至桐柏段	K102+105	K199+663	97.558	17	铣刨重铺	2022年处治70%	93.38	否	否	否	否	否	是
30	C107 复线郑新黄河大桥	K686+000	K709+108	23.108	14	铣刨重铺	2023年分散处治2%	92.88	否	否	否	否	否	是

续表 3-2

序号	路段名称	起点桩号	终点桩号	养护口径里程（公里）	运营年限	影响因素		路面使用性能指数PQI	近年是否改扩建计划	养护规划路段范围模型				
						养护历史				是否≤5年	是否于2021—2023年处治完成	PQI是否≥95	近年是否有改扩建计划	是否纳入规划范围
						主要方案	已处治情况							
31	G59呼北高速宝至卢氏段	K877+000	K957+881	80.881	12	铣刨重铺+精表处	2021—2023年分散处治76%	93.63	否	否	否	否	否	是
32	G59呼北高速卢氏至西坪段	K957+881	K1007+029	49.148	9	铣刨重铺+精表处	2021—2022年分散处治17%	94.22	否	否	否	否	否	是
33	G59呼北高速卢氏至寺湾段	K1007+029	K1079+625	72.596	9	—	未处治	94.83	否	否	否	否	否	是
34	G56杭瑞高速岳阳至常德段	K833+500	K974+530	141.030	11	铣刨重铺	2022—2023年分散处治10%	92.74	否	否	否	否	否	是
35	S49焦唐高速巩登段	K49+300	K92+567	43.267	12	—	2019—2023年治沉陷工点	92.05	否	否	否	否	否	是
36	S25安罗高速一期	K45+102	K76+892	31.790	9	—	2021年处沉陷工点	93.13	否	否	否	否	否	是
37	S25安罗高速一期	K76+892	K151+404	74.512	9	—	未处治	93.78	否	否	否	否	否	是

续表3-2

序号	路段名称	起点桩号	终点桩号	养护口径里程（公里）	运营年限	影响因素			近年是否改扩建计划	养护规划路段范围模型				是否纳入规划范围
						养护历史		路面使用性能指数PQI		是否≤5年	是否于2021—2023年处治完成	PQI是否≥95	近年是否有改扩建计划	
						主要方案	已处治情况							
38	S92洛卢高速洛阳至洛宁段	K0+000	K68+707	68.707	12	铣刨重铺+微表处	2021、2023年分散处治5%	92.15	否	否	否	否	否	是
39	S92洛卢高速洛宁至卢氏段	K97+613	K123+895	26.282	12	铣刨重铺+微表处	2021、2023年分散处治8%	93.05	否	否	否	否	否	是
40	S96洛栾高速洛阳至嵩县段	K0+000	K62+690	62.690	12	铣刨重铺+微表处	2020—2023年分散处治27%	92.99	否	否	否	否	否	是
41	S96洛栾高速嵩县至栾川段	K62+690	K129+228	66.538	12	铣刨重铺+微表处	2020—2021年分散处治28%	92.64	否	否	否	否	否	是
42	S22南林高速安阳至南乐段	K45+979	K97+522	51.543	16	铣刨重铺	2021年全车道处治上行K47-K55，剩余未处治	92.03	否	否	否	否	否	是
43	S26台辉高速濮鹤段	K99+340	K156+353	57.013	20	铣刨重铺	2021年分散处治26%	94.45	否	否	否	否	否	是

续表 3-2

序号	路段名称	起点桩号	终点桩号	养护口径里程（公里）	运营年限	影响因素			路面使用性能指数 PQI	近年是否改扩建计划	养护规划路段范围筛选模型				是否纳入规划范围
						养护历史		已处治情况			是否≤5年	是否于2021—2023年处治完成	PQI是否≥95	近年是否有改扩建计划	
						主要方案									
44	S87 郑云高速武云段	K28+638	K63+737	35.099	8	微表处		2023年分散处治34%	93.84	否	否	否	否	否	是
45	S22 南林高速安阳至南乐段	K35+000	K45+979	10.979	16	铣刨重铺		2021年上行处治完成，剩余下行未处治	93.68	否	否	否	否	否	是
46	S22 南林高速南乐至豫鲁省界段	K1+501	K35+000	33.499	9	—		未处治	92.47	否	否	否	否	否	是
47	S49 焦唐高速登封至汝州段	K98+997	K157+674	58.677	8	—		2023年处治沉陷工点	94.39	否	否	否	否	否	是
48	S92 洛卢高速洛宁至卢氏段	K123+895	K137+186	13.291	12	铣刨重铺		2023年分散处治12%	90.59	否	否	否	否	否	是
49	S81 商南高速南阳北绕城	K365+557	K389+804	24.247	15	—		2020年2车道微表处处治完成	90.31	否	否	否	否	否	是

续表 3-2

序号	路段名称	起点桩号	终点桩号	养护口径里程（公里）	运营年限	养护历史主要方案	养护历史已处治情况	路面使用性能指数 PQI	近年是否改扩建计划	是否 ≤5 年	是否于2021—2023年处治完成	PQI是否≥95 否	近年是否有改扩建计划	是否纳入规划范围
50	S81商南高速商丘段	K28+000	K96+493	68.493	18	铣刨重铺	2019—2021年全车道处治完成	93.69	否	否	否	否	否	是
51	S81商南高速商丘段二期	K1+009	K28+000	26.991	13	—	2019年全车道铣刨重铺处治完成	92.78	否	否	否	否	否	是
52	S62淮内高速淮滨至息县段	K0+000	K49+235	49.235	12	—	2020年2车道微表处治完成	93.06	否	否	否	否	否	是
53	S21濮商高速淮滨至固始段	K49+235	K115+821	66.586	12	—	2020年2车道微表处治65%	90.38	否	否	否	否	否	是
54	S81商南高速周口段	K96+493	K164+140	67.647	18	铣刨重铺	2020—2021年全车道处治完成	93.61	否	否	否	否	否	是
55	S38新阳高速新蔡至泌阳段	K26+310	K172+210	145.900	17	就地热再生	2023年全车道处治K148-K172,剩余K26-K148未处治	90.81	否	否	否	否	否	是

— 66 —

续表3-2

序号	路段名称	起点桩号	终点桩号	养护口径里程（公里）	运营年限	影响因素		路面使用性能指数PQI	养护规划路段范围横型					是否纳入规划范围
						养护历史			近年是否改扩建计划	是否≤5年	是否于2021—2023年处治完成	PQI是否≥95	近年是否有改扩建计划	
						主要方案	已处治情况							
56	S38新阳高速化庄至新蔡段	K0+495	K26+310	25.815	13	—	未处治	89.26	否	否	否	否	否	是
57	G4京港澳高速郑州至漯河段	K690+400	K806+123	115.723	14	铣刨重铺	2019—2023年完成	95.02	否	否	否	是	否	是
58	G4京港澳高速漯河至驻马店段	K806+123	K873+306	67.183	9	铣刨重铺	2021—2023年2车道处治完成,3车道处治60%,4车道处治2%	96.29	否	否	否	是	否	是
59	S60商登高速郑尧互通至登封互通	K182+509	K223+380	40.871	7	—	未处治	94.29	否	否	否	否	否	是
60	S88郑平高速平顶山段	K82+910	K183+479	100.569	17	铣刨重铺+就地热再生	2020—2023年分散处治57%	93.94	否	否	否	否	否	是

续表 3-2

序号	路段名称	起点桩号	终点桩号	养护口径里程（公里）	影响因素				养护规划路段范围模型					
					养护历史			路面使用性能指数 PQI	近年是否改扩建计划	是否≤5年	是否于2021—2023年处治完成	PQI是否≥95	近年是否有改扩建计划	是否纳入规划范围
					运营年限	主要方案	已处治情况							
61	S82郑民高速郑州段至开封段一期	K0+000	K71+600	71.600	13	铣刨重铺	2021—2022年分散处治56%	95.29	否	否	否	是	否	是
62	S82郑民高速开封段	K71+600	K119+570	47.970	8	—	未处治	92.78	否	否	否	否	否	是
63	S60商登高速商丘段至兰南互通	K0+000	K114+106	114.106	9	超薄磨耗层	2022年分散处治5%	93.07	否	否	否	否	否	是
64	S1机场高速	K0+000	K26+532	26.532	8	—	未处治	94.54	否	否	否	否	否	是
65	S60商登高速兰南互通至航空港区	K114+106	K145+496	31.390	9	—	未处治	93.19	否	否	否	否	否	是
66	S60商登高速航空港区至郑尧互通	K161+496	K182+509	21.013	7	—	2023年处治沉陷工点	94.10	否	否	否	否	否	是

根据 2024—2026 年路面养护规划范围模型统计结果（表 3-3），2024—2026 年路面养护规划范围（表 3-4）统计如下：

表 3-3　路面养护规划范围路段统计（2024—2026 年）

项目	总计路段数量	不纳入规划范围路段	纳入规划范围路段
地市分公司	110	55	55
中原高速	14	4	10
岳常高速	1	0	1
合计	125	59	66

表 3-4　路面养护规划范围（2024—2026 年）

规模	集团规模总计	运营年限≤5 年	2021—2023 年已养护*	纳入规划范围
车道公里	30337.6	5150.4	13892.2	11295
占比	—	17.0%	45.8%	37.2%

注：* 指专项处治。

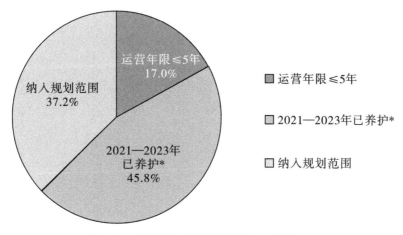

图 3-1　路面养护规划范围（2024—2026 年）

集团管辖共计 125 个路段，根据路面养护规划范围模型，纳入本次 2024—2026 年路面养护规划范围的路段数量共计 66 个，规模共计 11295 车道公里，占比 37.2%。

3.1.2　规划单元

根据养护规划路段范围情况，纳入本次路面养护规划共计 66 个路段。为进一步细化养护规划方案，本次对规划范围内的路段划分规划单元，划分单元的主要考虑因素为各路段的地市区域分布、养护规模大小、养护历史情况等。具体划分原则如下：

3.1.2.1 地市区域相邻

规划范围内的路段按照地市/运营分公司进行拆分，即同一规划单元不跨越相邻2个地市/运营分公司。

3.1.2.2 养护规模均衡

各规划单元的养护规模尽量适中，不宜过大或过小，便于后期养护管理工作。对于连续（分散）处治路段，单元养护规模宜为 20 ~ 60 km（50 ~ 150 车道公里），提升改造类宜为 1 亿 ~ 4 亿、修复养护类宜为 2000 万 ~ 1 亿、预防养护类宜为 1000 万 ~ 5000 万。

3.1.2.3 养护历史

结合规划范围内各路段近 5 年养护历史情况（如养护方案、实施年度等）进行相应拆分。

按照划分原则进行规划单元划分，各规划单元具体情况见表 3–5 ~ 表 3–9 及图 3–2 ~ 图 3–5。

表 3-5　路面养护规划单元（2024—2026 年）G4 京港澳高速

养护单元编号	运营分公司	路段名称	养护口径			养护历史		养护规划单元		备注
			起点桩号	终点桩号	里程（公里）	主要方案	已处治情况	养护幅别	养护规模（车道公里）	
1	安阳	G4京港澳高速安阳段	K484+358	K531+612	47.254	精表处	2021年分散处治5%	全幅	378	
2	鹤壁	G4京港澳高速鹤壁段	K531+612	K568+960	37.348	精表处	2021年分散处治25%	全幅	299	
3	新乡	G4京港澳高速新乡段	K568+960	K597+526	28.566	精表处	2021年分散处治23%	全幅	229	
4	郑州	G4京港澳高速郑州段	K651+643	K667+642	15.999	加铺罩面	2018年、2021年处治完成	全幅	128	已列入交通运输部项目库
5	驻马店	G4京港澳高速驻马店段	K873+306	K931+610	58.304	低噪声微表处+抗滑复合封层	2023年下行处治完成，上行未处治	上行全车道	233	
6	信阳	G4京港澳高速驻信段	K954+200	K1007+338	53.138	—	基本未处治	下行全车道	213	
7	信阳	G4京港澳高速驻信段	K931+610	K1007+338	75.728	—	基本未处治	上行全车道	303	
8	中原	G4京港澳高速郑漯段	K690+400	K728+400	38.000	铣刨重铺	2019—2023年2/3/4车道处治完成	全幅	304	
9	中原	G4京港澳高速郑漯段	K728+400	K806+123	77.723	铣刨重铺	2019—2023年2/3/4车道处治完成	上、下行第1车道	93	

续表 3-5

养护单元编号	运营分公司	路段名称	起点桩号	终点桩号	养护口径里程（公里）	主要方案	已处治情况	养护幅别	养护规模（车道公里）	备注
10	中原	G4 京港澳高速郑漯段	K728+400	K806+123	77.723	铣刨重铺	2019—2023 年 2/3/4 车道处治完成	上、下行第 1 车道	93	
11	中原	G4 京港澳高速漯河至驻马店段	K806+123	K873+306	67.183	铣刨重铺	2021—2023 年 2 车道处治完成，3 车道处治 60%，4 车道分散处治 2%	上、下行第 3/4 车道	82	
12	中原	G4 京港澳高速漯河至驻马店段	K806+123	K873+306	67.183	铣刨重铺	2021—2023 年 2 车道处治完成，3 车道处治 60%，4 车道分散处治 2%	上、下行第 3/4 车道	41	
13	中原	G4 京港澳高速漯河至驻马店段	K806+123	K873+306	67.183	铣刨重铺	2021—2023 年 2 车道处治完成，3 车道处治 60%，4 车道分散处治 2%	上、下行第 3/4 车道	41	

表 3-6　路面养护规划单元（2024—2026 年）G30 连霍高速

养护单元编号	运营分公司	路段名称	起点桩号	终点桩号	养护口径里程（公里）	养护历史		养护规划单元		备注
						主要方案	已处治情况	养护幅别	养护规模（车道公里）	
1	商丘	G30 连霍高速商丘西段	K360+960	K405+000	44.040	铣刨重铺	2020 年,2023 年 2 车道分散处治 28%,3 车道分散处治 45%	全幅	352	
2	商丘	G30 连霍高速商丘西段	K405+000	K435+000	30.000	铣刨重铺	2020 年,2023 年 2 车道分散处治 28%,3 车道分散处治 45%	全幅	240	
3	商丘	G30 连霍高速商丘西段	K435+000	K467+610	32.610	铣刨重铺	2020 年,2023 年 2 车道分散处治 28%,3 车道分散处治 45%	全幅	261	
4	开封	G30 连霍高速开封段	K467+610	K528+100	60.490	—	基本未处治	全幅	484	
5	郑州	G30 连霍高速郑州段	K600+200	K650+000	49.800	上行大修,下行铣刨重铺	2022 年上行处治完成,2020—2023 年下行分散处治 35%	下行半幅	199	
6	洛阳	G30 连霍高速洛阳段	K705+910	K734+700	28.790	铣刨重铺	2021—2023 年基本处治完成	全幅	46	剩余零散路段

续表 3-6

养护单元编号	运营分公司	路段名称	起点桩号	终点桩号	养护口径里程（公里）	养护历史		养护规划单元		备注
						主要方案	已处治情况	养护幅别	养护规模（车道公里）	
7	洛阳	G30 连霍高速洛阳段	K734+700	K748+216	13.516	铣刨重铺	2021—2023 年基本处治完成	全幅	32	剩余零散路段
8	三门峡	G30 连霍高速三门峡段	K754+000	K803+000	49.000	铣刨重铺	2020—2023 年分散处治 55%	上行半幅	118	连霍老路，三车道纵缝
9	三门峡	G30 连霍高速三门峡段	K858+000	K901+030	43.030	铣刨重铺	2020—2023 年分散处治 55%	上行半幅	103	连霍老路，三车道纵缝
10	三门峡	G30 连霍高速三门峡段	K860+000	K901+030	41.030	铣刨重铺	2020—2023 年分散处治 55%	下行半幅	115	连霍老路，三车道纵缝

表 3-7　路面养护规划单元（2024—2026 年）G45 大广高速

养护单元编号	运营分公司	路段名称	起点桩号	终点桩号	养护口径里程（公里）	养护历史		养护规划单元		备注
						主要方案	已处治情况	养护幅别	养护规模（车道公里）	
1	濮阳	G45 大广高速省界段	K1762+000	K1776+154	14.154	精表处	2021 年基本处治完成	全幅	85	
2	安阳	G45 大广高速安阳滑县段	K1835+593	K1858+000	22.407	—	基本未处治	全幅	90	已列入交通运输部项目库
3	开封	G45 大广高速开封通许段	K1929+660	K1993+888	64.228	铣刨重铺	2019—2021 年处治完成	全幅	257	

续表 3-7

养护单元编号	运营分公司	路段名称	起点桩号	终点桩号	养护口径里程（公里）	主要方案	已处治情况	养护幅别	养护规模（车道公里）	备注
4	周口	G45 大广高速扶沟至项城段	K1993+888	K2050+000	56.112	铣刨重铺	2020—2022 年处治完成	全幅	224	
5	周口	G45 大广高速扶沟至项城段	K2050+000	K2134+678	84.678	铣刨重铺	2020—2022 年处治完成	全幅	339	

表 3-8　路面养护规划单元（2024—2026 年）G40 沪陕高速

养护单元编号	运营分公司	路段名称	起点桩号	终点桩号	养护口径里程（公里）	主要方案	已处治情况	养护幅别	养护规模（车道公里）	备注
1	信阳	G40 沪陕高速叶信西段	K900+000	K949+400	49.400	—	基本未处治	全幅	198	已列入交通运输部项目库
2	南阳	G40 沪陕高速信南西段	K1000+132	K1038+384	38.252	就地热再生+铣刨重铺	剩余下行 K1024 – K1076 未处治	下行半幅	115	已列入交通运输部项目库
3	南阳	G40 沪陕高速信南西段	K1038+384	K1076+642	38.258	就地热再生+铣刨重铺	剩余下行 K1024 – K1076 未处治	下行半幅	115	已列入交通运输部项目库
4	南阳	G40 沪陕高速南阳至西坪段	K1156+831	K1189+767	32.936	加铺罩面	剩余 K1156 – K1189 未处治	全幅	198	已列入交通运输部项目库

表 3-9 路面养护规划单元（2024—2026年）其他路段

养护单元编号	运营分公司	路段名称	起点桩号	终点桩号	养护口径里程（公里）	养护历史		养护规划单元		备注
						主要方案	已处治情况	养护幅别	养护规模（车道公里）	
1	济源	G3511 菏宝高速济源至全部原顶段	K294+472	K354+243	59.771	加铺罩面+铣刨重铺	剩余上行 K294－K343/K348－K354 未处治	上行半幅	120	已列入交通运输部项目库
2	郑州	G3001 郑州西南绕城高速	K32+800	K51+558	18.758	加铺罩面	2019 年、2021 年处治完成	全幅	113	
3	洛阳	G36 宁洛高速洛阳西南绕城段	K719+324	K755+368	36.044	铣刨重铺	2020 年分散铣刨重铺处治 40%	全幅	144	
4	商丘	C35 济广高速商丘段	K343+000	K400+449	57.449	铣刨重铺	2019—2021 年处治完成	上行半幅	115	
5	商丘	C35 济广高速商丘段	K343+000	K400+449	57.449	铣刨重铺	2019—2021 年完成	下行半幅	115	
6	洛阳	G55 二广高速汝鑫段	K1194+804	K1221+584	26.780	微表处	2020—2021 年分散处治 67%	全幅	107	
7	南阳	G55 二广高速分水岭至南阳段	K1285+249	K1359+548	74.299	铣刨重铺	2020 年分散微表处 28%，2023 年全车道铣刨重铺 20%	上行半幅	133	扣除 2023 年全车道铣刨重铺处治路段 8 km
8	南阳	G55 二广高速分水岭至南阳段	K1285+249	K1359+548	74.299	铣刨重铺	2020 年分散微表处 28%，2023 年全车道铣刨重铺 20%	下行半幅	93	扣除 2023 年全车道铣刨重铺处治路段 28 km

续表 3-9

养护单元编号	运营分公司	路段名称	起点桩号	终点桩号	养护口径里程（公里）	主要方案	养护历史	养护规划单元		备注
							已处治情况	养护幅别	养护规模（车道公里）	
9	许昌	G1516 盐洛高速禹州至登封段	K746+258	K794+638	48.380	铣刨重铺+就地热再生	2020—2021 年处治完成	上行第 2 车道	48	
10	许昌	G1516 盐洛高速禹州至登封段	K746+258	K794+638	48.380	铣刨重铺+就地热再生	2020—2021 年处治完成	下行第 2 车道	48	
11	郑州	G1516 盐洛高速少林寺至郑州段	K796+834	K831+500	34.666	铣刨重铺	2020 年分散处治 10%，2021 年全车道处治下行 K798－K810	全幅	115	①扣除 2021 年铣刨重铺处治下行 K798-K810 ②已列入交通运输部项目库
12	洛阳	G1516 盐洛高速郑洛阳段	K831+500	K855+595	24.095	铣刨重铺	2020 年分散铣刨重铺处治 35%	全幅	96	已列入交通运输部项目库
13	驻马店	G0421 许广高速舞钢至桐柏段	K102+105	K199+663	97.558	铣刨重铺	2022 年处治 70%	上、下行第 2 车道	117	处治病害严重路段
14	郑州	G107 复线郑新黄河大桥	K686+000	K709+108	23.108	铣刨重铺	2023 年分散处治局部严重病害 2%	全幅	10	处治病害严重路段
15	郑州	G107 复线郑新黄河大桥	K686+000	K709+108	23.108	铣刨重铺	2023 年分散处治局部严重病害 2%	全幅	139	处治病害严重路段
16	三门峡	G59 呼北高速灵宝至卢氏段	K877+000	K957+881	80.881	铣刨重铺+精表处	2021—2023 年分散处治 76%	全幅	78	扣除 2021—2023 年已治处路段

续表 3-9

养护单元编号	运营分公司	路段名称	起点桩号	终点桩号	养护口径里程（公里）	养护历史		养护规划单元		备注
						主要方案	已处治情况	养护幅别	养护规模（车道公里）	
17	三门峡	G59呼北高速卢氏至西坪段	K957+881	K1007+029	49.148	铣刨重铺+精表处	2021—2022年分散处治17%	上行半幅	82	扣除2021—2022年已处治路段
18	三门峡	G59呼北高速卢氏至西坪段	K957+881	K1007+029	49.148	铣刨重铺+精表处	2021—2022年分散处治17%	下行半幅	82	
19	南阳	G59呼北高速卢氏至寺湾段	K1007+029	K1079+625	72.596	—	未处治	上行半幅	145	
20	南阳	G59呼北高速卢氏至寺湾段	K1007+029	K1079+625	72.596	—	未处治	下行半幅	145	
21	岳常	G56杭瑞高速岳阳至常德段	K833+500	K919+000	85.500	铣刨重铺	2022—2023年分散处治10%	全幅	86	
22	岳常	G56杭瑞高速岳阳至常德段	K930+000	K974+530	44.530	铣刨重铺	2022—2023年分散处治10%	全幅	89	
23	岳常	G56杭瑞高速岳阳至常德段	K833+500	K930+000	96.500	铣刨重铺	2022—2023年分散处治10%	全幅	97	
24	郑州	S49焦唐高速巩登段	K49+300	K64+000	14.700	铣刨重铺	2019—2023年处治沉陷工点	全幅	35	处治病害严重路段
25	郑州	S49焦唐高速巩登段	K64+000	K79+000	15.000	铣刨重铺	2019—2023年处治沉陷工点	全幅	36	处治病害严重路段

续表 3-9

养护单元编号	运营分公司	路段名称	起点桩号	终点桩号	养护口径里程（公里）	主要方案	已处治情况	养护幅别	养护规模（车道公里）	备注
26	郑州	S49 焦唐高速巩登段	K79+000	K92+567	13.567	铣刨重铺	2019—2023 年处治沉陷工点	全幅	33	处治病害严重路段
27	开封	S25 安罗高速一期	K45+102	K76+892	31.790	—	未处治	全幅	127	
28	周口	S25 安罗高速一期	K76+892	K114+000	37.108	—	未处治	全幅	148	
29	周口	S25 安罗高速一期	K114+000	K151+404	37.404	—	未处治	全幅	150	
30	洛阳	S92 洛卢高速洛阳至卢宁段	K0+000	K68+707	68.707	铣刨重铺+微表处	2021,2023 年分散处治 5%	全幅	69	处治病害严重路段
31	洛阳	S92 洛卢高速洛宁至卢氏段	K97+613	K123+895	26.282	铣刨重铺+微表处	2021,2023 年分散处治 8%	全幅	26	处治病害严重路段
32	洛阳	S96 洛栾高速洛阳至嵩县段	K0+000	K62+690	62.690	铣刨重铺+微表处	2020—2023 年分散处治 27%	全幅	63	处治病害严重路段
33	洛阳	S96 洛栾高速嵩县至栾川段	K62+690	K129+228	66.538	铣刨重铺+微表处	2020—2021 年分散处治 28%	全幅	67	处治病害严重路段
34	安阳	S22 南林高速安阳至南乐段	K45+979	K97+522	51.543	铣刨重铺	2021 年全车道处治 上行 K47-K55，剩余未处治	上行半幅	87	扣除 2021 年处治上行 K47-K55

续表 3-9

养护单元编号	运营分公司	路段名称	起点桩号	终点桩号	养护口径里程（公里）	养护历史		养护规划单元		备注
						主要方案	已处治情况	养护幅别	养护规模（车道公里）	
35	安阳	S22 南林高速安阳至南乐段	K45+979	K97+522	51.543	—	未处治	下行半幅	103	
36	鹤壁	S26 台辉高速濮鹤段	K99+340	K128+000	28.660	铣刨重铺	2021 年分散处治 26%	全幅	115	
37	鹤壁	S26 台辉高速濮鹤段	K128+000	K156+353	28.353	铣刨重铺	2021 年分散处治 26%	全幅	113	
38	焦作	S87 郑云高速武云段	K28+638	K63+737	35.099	微表处	2023 年分散处治 34%	上行第 1/2 车道	70	扣除 2023 年处治路段
39	焦作	S87 郑云高速武云段	K28+638	K63+737	35.099	微表处	2023 年分散处治 34%	下行第 1/2 车道	70	扣除 2023 年处治路段
40	濮阳	S22 南林高速安阳至南乐段	K35+000	K45+979	10.979	铣刨重铺	2021 年上行处治完成，剩余下行未处治	下行半幅	22	
41	濮阳	S22 南林高速南乐至豫鲁省界段	K1+501	K35+000	33.499	—	未处治	全幅	134	
42	许昌	S49 焦唐高速登封至汝州段	K98+997	K157+674	58.677	铣刨重铺	2023 年处治沉陷工点	全幅	7	处治沉陷工点
43	许昌	S49 焦唐高速登封至汝州段	K98+997	K157+674	58.677	铣刨重铺	2023 年处治沉陷工点	全幅	6	处治沉陷工点

续表 3-9

养护单元编号	运营分公司	路段名称	起点桩号	终点桩号	养护口径里程（公里）	养护历史		养护规划单元		备注
						主要方案	已处治情况	养护幅别	养护规模（车道公里）	
44	许昌	S49 焦唐高速登封至汝州段	K98+997	K157+674	58.677	铣刨重铺	2023 年处治沉陷工点	全幅	5	处治沉陷工点
45	三门峡	S92 洛卢高速洛宁至卢氏段	K123+895	K137+186	13.291	铣刨重铺	2023 年分散处治 12%	全幅	47	扣除 2023 年治路段
46	南阳	S81 商南高速南阳北绕城	K365+557	K389+804	24.247	微表处	2020 年 2 车道微表	全幅	97	
47	商丘	S81 商南高速商丘段	K28+000	K58+000	30.000	铣刨重铺	2019—2021 年全车道处治完成	全幅	120	
48	商丘	S81 商南高速商丘段	K58+000	K96+493	38.493	铣刨重铺	2019—2021 年全车道处治完成	全幅	154	
49	商丘	S81 商南高速商丘段二期	K1+009	K28+000	26.991	铣刨重铺	2019 年全车车道铣刨重铺处治完成	上、下行第 2 车道	54	
50	信阳	S62 淮内高速淮滨至息县段	K0+000	K49+235	49.235	微表处	2020 年 2 车道微表处处治完成	全幅	197	
51	信阳	S21 濮商高速淮滨至固始段	K49+235	K82+500	33.265	微表处	2020 年 2 车道微表处处治 65%	全幅	133	
52	信阳	S21 濮商高速淮滨至固始段	K82+500	K115+821	33.321	微表处	2020 年 2 车道微表处处治 65%	全幅	133	

续表 3-9

养护单元编号	运营分公司	路段名称	起点桩号	终点桩号	养护口径里程（公里）	养护历史		养护规划单元		备注
						主要方案	已处治情况	养护幅别	养护规模（车道公里）	
53	周口	S81商南高速周口段	K96+493	K134+000	37.507	铣刨重铺	2020—2021年全车道处治完成	全幅	150	—
54	周口	S81商南高速周口段	K134+000	K164+140	30.140	铣刨重铺	2020—2021年全车道处治完成	全幅	121	—
55	驻马店	S38新阳高速新蔡至泌阳段	K26+310	K67+000	40.690	—	未处治	全幅	163	—
56	驻马店	S38新阳高速新蔡至泌阳段	K67+000	K108+000	41.000	—	未处治	全幅	164	—
57	驻马店	S38新阳高速新蔡至泌阳段	K108+000	K148+482	40.482	—	未处治	全幅	162	—
58	驻马店	S38新阳高速化庄至新蔡段	K0+495	K26+310	25.815	—	未处治	全幅	103	—
59	中原	S60商登高速郑尧互通至唐庄互通	K182+509	K223+380	40.871	—	未处治	全幅	5	处治沉陷工点
60	中原	S88郑栾高速平顶山段	K82+910	K183+479	100.569	铣刨重铺+就地热再生	2020—2023年分散处治57%	全幅	78	扣除2021—2023年处治路段
61	中原	S88郑栾高速平顶山段	K82+910	K183+479	100.569	铣刨重铺+就地热再生	2020—2023年分散处治57%	全幅	52	扣除2021—2023年处治路段

续表 3-9

养护单元编号	运营分公司	路段名称	起点桩号	终点桩号	养护口径里程（公里）	养护历史		养护规划单元		备注
						主要方案	已处治情况	养护幅别	养护规模（车道公里）	
62	中原	S88 郑栾高速平顶山段	K82+910	K183+479	100.569	铣刨重铺+就地热再生	2020—2023 年处治 57%	全幅	43	扣除 2021—2023 年处治路段
63	中原	S82 郑民高速郑州段至开封段一期	K0+000	K71+600	71.600	铣刨重铺	2021—2022 年处治 56%	上行半幅	43	扣除 2021—2022 年处治路段
64	中原	S82 郑民高速郑州段至开封段一期	K0+000	K71+600	71.600	铣刨重铺	2021—2022 年处治 56%	下行半幅	43	扣除 2021—2022 年处治路段
65	中原	S82 郑民高速开民段	K71+600	K119+570	47.970	—	未处治	上、下行第 2 车道	96	
66	中原	S60 商登高速商丘至南兰互通	K0+000	K114+106	114.106	超薄磨耗层	2022 年分散处治 5%	上、下行第 2 车道	65	
67	中原	S1 机场高速	K0+000	K26+532	26.532	—	未处治	互通匝道	10	
68	中原	S1 机场高速	K0+000	K26+532	26.532	—	未处治	全幅	212	
69	中原	S60 商登高速兰南互通至南航空港区	K114+106	K145+496	31.390	—	未处治	上、下行第 2 车道	63	
70	中原	S60 商登高速航空港区至郑尧互通	K161+496	K182+509	21.013	铣刨重铺	2023 年处治沉陷工点	上、下行第 2 车道	42	

| 京港澳高速 | 单元1 安阳段 | 单元2 鹤壁段 | 单元3 新乡段 | 单元4 郑州段 K639–K667 | 单元5 郑漯段 K690–K728 | 单元6 郑漯段 K728–K806 | 单元7 郑漯段 K728–K806 | 单元8 漯驻段 | 单元9 漯驻段 | 单元10 漯驻段 | 单元11 驻马店段 上行、下行 2023年处治 | 单元12 信阳段 K931–K969 | 单元13 信阳段 K969–K1007 |

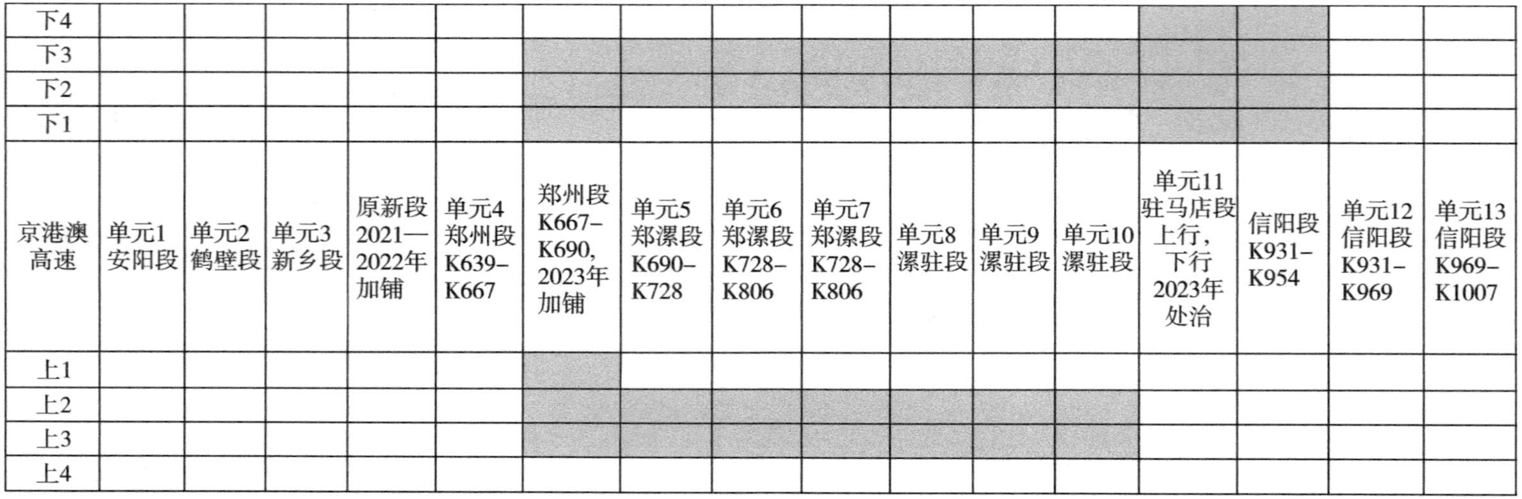

其他标注：
- 原新段 2021—2022年加铺
- 郑州段 K667–K690，2023年加铺
- 信阳段 K931–K954

行标：下4、下3、下2、下1、上1、上2、上3、上4

图3-2　G4京港澳高速养护历史平面示意图

	商丘东段	单元1 商丘西段	单元2 商丘西段	单元3 商丘西段	单元4 开封段	单元5 郑州段 K600–K650下行	单元6 洛阳段	单元7 洛三段	单元8 三门峡段 K754–K803	单元9 三门峡段 K858–K901 上行	单元10 三门峡段 K860–K901 下行
下4											
下3											
下2											
下1						郑州段2022年加铺		三门峡段K748–K754, 2021–2023年铣刨重铺	三门峡段K803–K858, 2021–2023年铣刨重铺		
连霍高速	商丘东段	单元1 商丘西段	单元2 商丘西段	单元3 商丘西段	单元4 开封段	单元5 郑州段 K600–K650下行	单元6洛阳段，上行2022年大修，下行2021—2022年铣刨重铺	单元7洛三段2021—2023年铣刨重铺	单元8三门峡段K754–K803	单元9三门峡段K858–K901上行	单元10三门峡段K860–K901下行
上1											
上2											
上3											
上4											

图3-3　G30连霍高速养护历史平面示意图

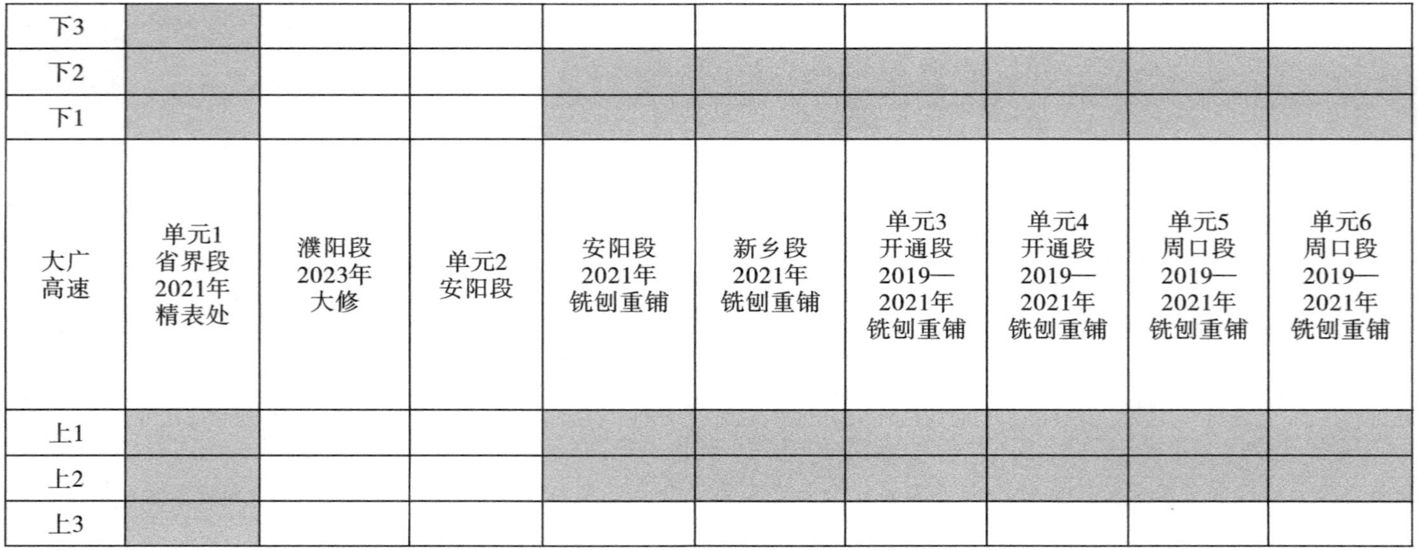

下3	下2	下1	大广高速							上1	上2	上3
			单元1 省界段 2021年 精表处	濮阳段 2023年 大修	单元2 安阳段	安阳段 2021年 铣刨重铺	新乡段 2021年 铣刨重铺	单元3 开通段 2019— 2021年 铣刨重铺	单元4 开通段 2019— 2021年 铣刨重铺	单元5 周口段 2019— 2021年 铣刨重铺	单元6 周口段 2019— 2021年 铣刨重铺	

图3-4 G45大广高速养护历史平面示意图

沪陕高速	叶信东段 2021— 2023年 大修	单元1 叶信西段	信南段 2021— 2022年 热再生	单元2 信南段 2023年 铣刨	信南段 2022年 热再生	宛坪段 2021年 大修	单元3 宛坪段	宛坪段 2022— 2023年 大修
下3								
下2								
下1								
上1								
上2								
上3								

图3-5　G40沪陕高速养护历史平面示意图

根据路面养护规划单元划分原则,本次路面养护规划范围 66 个路段共计划分为 102 个单元,路面规划单元统计如下(表 3-10) 。

表 3-10　路面养护规划单元统计(2024—2026 年)

地市/运营分公司	路段名称	规划单元数量
地市分公司	G4 京港澳高速	7
	G30 连霍高速	10
	G45 大广高速	5
	G40 沪陕高速	4
	G3511 菏宝高速	1
	其他路段	54
中原高速	G4 京港澳高速	6
	其他路段	12
岳常高速	岳常高速	3
合计		102

3.2　桥涵隧

3.2.1　规划范围

目前集团所属高速公路运营桥梁 12852 座(单侧统计) ,共计 1940.2 公里。隧道 365 条(按单洞计算) ,共计 333.4 公里。

桥涵隧养护规划范围确定原则主要考虑因素为结构物类型、运营年限、检测报告、养护历史以及所处路段是否提升改造等,桥涵隧养护规划范围确定原则(表 3-11) 如下:

表 3-11　桥隧养护规划范围确定原则

序号	规划范围类型	具体范围	具体规模
1	重点长大桥隧	①运营年限>10 年且未实施过预防养护的特大桥梁; ②运营年限>10 年且未实施过预防养护的特长、长隧道	56 幅特大桥 2 条特长隧道 33 条长隧道
2	三类桥涵隧	根据最新检测报告,当年新发现的三类桥涵隧	根据 2019—2022 年三类数量预测,每年预估 34 座左右
3	日常养护无法维修的影响行车安全的病害	伸缩缝、橡胶支座损坏、涵洞通道积水、涵洞单板受力、沉陷变形等	根据往年专项情况,每年预估部分费用
4	早期建设老旧桥梁	早期建设安全系数偏低、结构尺寸整体偏小、病害表现突出的桥梁(主要为 30 m 空心板、50 m T 梁)	京港澳驻信段 3 座 30 m 空心板桥梁
5	重点桥隧结构健康监测	结合河南省"十四五"养护管理发展纲要和集团重点桥隧情况,分年度建立健全重点桥隧结构健康监测体系	每年 5 ~ 7 座

注:除上表外,结合路面养护规划,对于综合提升改造路段中的桥涵隧等结构物一并纳入综合提升改造处治范围,桥涵隧规划中不再单独体现。

3.2.1.1　重点长大桥隧

纳入本次桥梁养护规划共计 56 幅特大桥,具体见表 3-12。

表 3-12　特大桥养护规划范围一览表

序号	隧道名称	路段	桩号	通车时间	桥梁长(m)	桥梁净宽(m)
1	许沟特大桥右 1	连霍高速	744.957	2001.12	493.14	11
2	许沟特大桥右 2	连霍高速	744.957	2001.12	493.14	11
3	函谷关特大桥(下行)	连霍高速	844.656	2001.12	1159.54	11
4	函谷关特大桥(下行)	连霍高速	844.656	2001.12	1159.54	11
5	阳平河特大桥(下行)	连霍高速	873.875	2001.12	1260	11
6	阳平河特大桥(下行)	连霍高速	873.875	2001.12	1260	11
7	枣乡河特大桥(下行)	连霍高速	884.68	2001.12	1159.6	11
8	枣乡河特大桥(下行)	连霍高速	884.68	2001.12	1159.6	11
9	京共特大桥-下行	菏宝高速	164.659	2007.09	2902.95	11

续表 3-12

序号	隧道名称	路段	桩号	通车时间	桥梁长（m）	桥梁净宽（m）
10	京共特大桥-上行	菏宝高速	164.659	2007.09	2902.95	11
11	卫共行洪区特大桥-下行	菏宝高速	179.306	2007.09	2711.5	12.5
12	卫共行洪区特大桥-上行	菏宝高速	179.306	2007.09	2711.5	12.5
13	沁河特大桥-下行	菏宝高速	257.244	2005.09	1048.8	12.5
14	沁河特大桥-上行	菏宝高速	257.244	2005.09	1048.8	12.5
15	苏店河特大桥-下行	沪陕高速	850	2005.12	1018.48	12
16	苏店河特大桥-上行	沪陕高速	850	2005.12	1018.48	12
17	焦枝铁路高架桥-下行	沪陕高速	1134.844	2007.10	1513.6	12
18	焦枝铁路高架桥-上行	沪陕高速	1134.844	2007.10	1513.6	11
19	贺家冲大桥-上行	沪陕高速	K934+570	2005.12	307.8	11.5
20	贺家冲大桥-下行	沪陕高速	K934+570	2005.12	307.8	11.5
21	洛阳黄河特大桥-上行	二广高速	1128.53	2005.09	4011.86	15.25
22	洛阳黄河特大桥-下行	二广高速	1128.53	2005.09	4011.86	15.25
23	潘庄高架桥-下行	二广高速	1134.282	2005.09	1118.4	12
24	潘庄高架桥-上行	二广高速	1134.282	2005.09	1118.4	12
25	共产主义渠特大桥-上行	台辉高速	141.466	2004.10	1065.12	12
26	共产主义渠特大桥-下行	台辉高速	141.466	2004.10	1065.12	12
27	西泗河特大桥	焦唐高速	54.492	2012.12	1168.6	11.25
28	西泗河特大桥	焦唐高速	54.492	2012.12	1168.6	11.25
29	后寺河特大桥	焦唐高速	60	2012.12	1049	11.5
30	后寺河特大桥	焦唐高速	60	2012.12	1129	11.5
31	甘堂河特大桥-下行	洛卢高速	24.291	2012.12	1059.52	11.5
32	甘堂河特大桥-上行	洛卢高速	24.291	2012.12	1059.52	11.5
33	洛河特大桥-下行	洛卢高速	69.728	2012.12	1426.48	11.5
34	洛河特大桥-上行	洛卢高速	69.728	2012.12	1426.48	11.5
35	小铁沟特大桥-上行	洛卢高速	102.17	2012.12	675.48	12.13
36	小铁沟特大桥-下行	洛卢高速	102.17	2012.12	675.48	12.13
37	大铁沟特大桥-上行	洛卢高速	106.52	2012.12	856.48	12.13
38	大铁沟特大桥-下行	洛卢高速	106.52	2012.12	856.48	12.13
39	栗子坪伊河特大桥-上行	洛栾高速	69.716	2012.12	368.12	12.13

续表 3-12

序号	隧道名称	路段	桩号	通车时间	桥梁长（m）	桥梁净宽（m）
40	栗子坪伊河特大桥-下行	洛栾高速	69.716	2012.12	368.12	12.13
41	淮河特大桥-上行	大广高速	2224.663	2007.10	4958.2	11.38
42	淮河特大桥-下行	大广高速	2224.663	2007.10	4958.2	11.38
43	淮河特大桥-上行	濮商高速	51.071	2012.10	3568.2	11.38
44	淮河特大桥-下行	濮商高速	51.071	2012.10	3568.2	11.38
45	白露河特大桥-下行	濮商高速	70.1	2012.10	2527.56	11.75
46	白露河特大桥-上行	濮商高速	70.1	2012.10	2527.56	11.75
47	宿鸭湖特大桥（上行）	新阳高速	87.743	2007.12	1251.18	11.38
48	宿鸭湖特大桥（下行）	新阳高速	87.743	2007.12	1251.18	11.38
49	白河特大桥-上行	商南高速	370.579	2009.09	1238.2	12.75
50	白河特大桥-下行	商南高速	370.579	2009.09	1238.2	12.75
51	跨焦枝铁路特大桥-上行	商南高速	375.257	2009.09	1703.2	12.2
52	跨焦枝铁路特大桥-下行	商南高速	375.257	2009.09	1703.2	12.2
53	水磨湾特大桥-上行	盐洛高速	K934+570	2005.12	185.04	12
54	水磨湾特大桥-下行	盐洛高速	K934+570	2005.12	185.04	12
55	王化沟大桥-上行	盐洛高速	K818+744	2005.12	577.2	11.5
56	王化沟大桥-下行	盐洛高速	K818+744	2005.12	577.2	11.5

纳入本次隧道养护规划共计 2 条特长隧道和 33 条长隧道,具体见表 3-13。

表 3-13　特长及长隧道养护规划范围一览表

序号	隧道名称	路段	分类	桩号	通车时间	隧道长（m）
1	上台隧道右幅	二广高速	长隧道	1206.354	2008	2079
2	上台隧道左幅	二广高速	长隧道	1206.309	2008	1968
3	毛峪隧道-上行	呼北高速	长隧道	905.04	2010	1348
4	毛峪隧道-下行	呼北高速	长隧道	905.028	2010	1352
5	周家咀隧道-上行	呼北高速	长隧道	910.425	2010	1126
6	崤山隧道-上行	呼北高速	长隧道	938.275	2010	2960
7	崤山隧道-下行	呼北高速	长隧道	938.3	2010	2946
8	瓦庙岭隧道-上行	呼北高速	长隧道	942.414	2010	1590

序号	隧道名称	路段	分类	桩号	通车时间	隧道长（m）
9	瓦庙岭隧道-下行	呼北高速	长隧道	942.427	2010	1645
10	刘家凹隧道-上行	呼北高速	长隧道	951.253	2010	1238
11	刘家凹隧道-下行	呼北高速	长隧道	951.265	2010	1300
12	横涧隧道-上行	呼北高速	长隧道	963.154	2012	1287
13	横涧隧道-下行	呼北高速	长隧道	963.199	2012	1362
14	熊耳山隧道-上行	呼北高速	特长隧道	976.367	2012	3636
15	熊耳山隧道-下行	呼北高速	特长隧道	976.37	2012	3600
16	九龙山隧道-上行	呼北高速	长隧道	982.243	2012	1635
17	九龙山隧道-下行	呼北高速	长隧道	982.28	2012	1724
18	岭南隧道-下行	呼北高速	长隧道	907.44	2010	1011
19	毛公山隧道上行	呼北高速	长隧道	1008.393	2012	2707
20	毛公山隧道下行	呼北高速	长隧道	1008.393	2012	2707
21	捷道沟 2 号隧道上行	呼北高速	长隧道	1019.828	2012	1155
22	捷道沟 2 号隧道下行	呼北高速	长隧道	1019.859	2012	1158
23	后塘沟隧道上行	呼北高速	长隧道	1048.856	2012	1041
24	张马垭隧道上行	呼北高速	长隧道	1058.907	2012	1373
25	张马垭隧道下行	呼北高速	长隧道	1058.946	2012	1366
26	前湾隧道上行	呼北高速	长隧道	1061.46	2012	1416
27	前湾隧道下行	呼北高速	长隧道	1061.45	2012	1429
28	西簧隧道上行	呼北高速	长隧道	1064.225	2012	1144
29	西簧隧道下行	呼北高速	长隧道	1064.247	2012	1128
30	北庄隧道上行	焦唐高速	长隧道	70.65	2012	2530
31	北庄隧道下行	焦唐高速	长隧道	70.683	2012	2505
32	石嘴隧道上行	焦唐高速	长隧道	83.245	2012	1074
33	石嘴隧道下行	焦唐高速	长隧道	83.245	2012	1011
34	狮子坪 1 号隧道上行	洛栾高速	长隧道	103.372	2012	2392
35	狮子坪 1 号隧道下行	洛栾高速	长隧道	103.371	2012	2354

3.2.1.2 三类桥隧

根据集团 2019—2022 年桥梁定期检测情况（表 3-14），技术状况评定为 3 类及以上的桥梁平均每年数量为 34 座，占总检测桥梁数量的平均比例为 0.92%，据此预估集团

2024—2026 年每年评定为三类及以上桥梁数量。

根据集团 2019—2022 年隧道定期检测情况,集团所属高速公路隧道技术状况评定均为一、二类隧道,故 2024—2026 年不再考虑三类及以上隧道养护规划。

表 3-14　2019—2022 年集团桥梁定期检测情况

序号	年份	检测桥梁数量 (幅)	1 类桥数量 (幅)	2 类桥数量 (幅)	3 类及以上桥数量 (幅)	3 类及以上桥占比
1	2022	3559	1141	2387	31	0.87%
2	2021	5104	994	4064	46	0.90%
3	2020	2784	515	2251	18	0.65%
4	2019	3245	1276	1928	41	1.26%
平均数					34	0.92%

3.2.1.3　早期建设老旧桥梁

20 世纪 80 年代后,我国交通基础建设得到迅猛发展,各地兴建了大量的桥梁。20 世纪 90 年代初期各设计院陆续推出自己编制的桥梁结构通用图。通用图经过多次改版,不同时期的桥梁通用图在结构连续体系、结构尺寸、预应力钢束的配束以及普通钢筋的布置方面均发生了较大的变化。同时桥梁设计规范也多次更新,设计理念的指导思想与时俱进,如 2004 年版《公路桥涵设计通用规范》颁布前的结构通用图大多以节约原材料为指导思想,关键控制断面在最不利荷载组合下安全储备偏小,加之结构尺寸整体偏小,施工偏差亦影响工程质量,投入运营后可能产生各种病害,影响结构安全。因此对于早期设计的安全储备偏小桥梁结构,有必要进行逐步的改造。

(1)30 m 空心板　目前建设时期采用85 公预规规范设计的薄腹板 30 m 空心板桥梁主要应用在连霍高速及京港澳高速改扩建前老路部分,其余路段桥梁 30 m 空心板均非薄腹板形式。其中连霍高速公路在改扩建时期统一对 30 m 空心板进行加固改造完成,京港澳高速公路驻信段 30 m 空心板结构未进行改造,故本次将京港澳高速公路驻信段 30 m 空心板桥梁纳入 2024—2026 年早期建设桥梁养护规划(表 3-15)。

表 3-15　存量 30 m 空心板情况

高速名称	桥梁数量 (单幅座)	桥梁长度 (m)	修建年份	备注
连霍高速	67	15870	2001	改扩建时期统一改造
济广高速	2	180	2003	
菏宝高速	8	1320	2007	
宁洛高速	26	3240	2005	

续表3-15

高速名称	桥梁数量（单幅座）	桥梁长度（m）	修建年份	备注
京港澳高速	3	10920	1994、2003、2013	驻信段改扩建时期未改造
沪陕高速	5	4650	2005	
大广高速	8	3600	2004、2005、2006	
南林高速	14	3780	2008	
新阳高速	2	300	2007	
焦唐高速	2	1200	2016	
商登高速	8	1800	2015	
郑栾高速	22	6240	2007	
合计	167	53100		

（2）50 m T 梁 目前建设时期采用85公预规规范设计的50 m T 梁桥梁主要应用在连霍高速老桥部分，50 m T 梁主要存在问题为马蹄及腹板尺寸偏薄，导致 T 梁出现结构性裂缝。根据近几年专项情况，连霍高速出现裂缝 T 梁多位于大车道位置，处治方案多采用增设体外预应力方案，自2001年对连霍高速桥梁连续实施桥梁专项，目前大车道位置 T 梁已基本处治完成，故2024—2026年不再考虑50 m T 梁养护规划，该部分建议结合每年定期检测情况进行处治（表3-16）。

表3-16 存量50 m T 梁情况

高速名称	桥梁数量（单幅座）	桥梁长度（m）	片数	修建年份	备注
连霍高速	79	29890	2396	2001	
宁洛高速	4	4291	340	2005	
沪陕高速	4	1933	175	2007	
二广高速	4	2379	188	2008	
焦唐高速	2	1533	120	2012	
洛卢高速	10	8928	708	2012	
洛栾高速	48	24056	1888	2012	
合计	151	73010	5815		

3.2.1.4 涵洞

根据集团近年涵洞养护情况，涵洞多数病害均在日常养护中进行处治，但部分无法纳入日常养护的病害，如涵洞通道积水、涵洞单板受力、变形沉陷等，该部分病害需考虑纳入 2024—2026 年养护规划。

3.2.1.5　健康监测

健康监测主要考虑跨越重要河流（黄河、通航河道）或特殊结构形式且通车年限 10 年以上的桥梁,同时选择加固后的跨径 30 m 大孔空心板等典型结构桥梁,对加固效果进行运营效果监测和长期服役效果评价,为后续类似桥梁加固提供技术支撑,共计 29 座（表 3-17）。

表 3-17　桥梁健康监测情况

序号	桥梁	路段	桩号	通车时间	桥长（m）	备注
1	刘江黄河特大桥	京港澳高速郑州至新乡段	K646+719	2004.1	9848	服役近 20 年,缆索称重桥梁、重要线路上的跨越黄河的重要桥梁
2	许沟特大桥	连霍高速洛阳段	K744+957	2001.1	493	主跨超过 150 m 的连续刚构桥
3	仁存沟高架桥（右一、右二）	连霍高速郑州段	K630+120	1994.1	265	改变结构体系的方法进行加固
4	廖峪沟高架桥（右一、右二）	连霍高速郑州段	K625+150	1994.1	232.5	改变结构体系的方法进行加固
5	英峪沟高架桥（右一、右二）	连霍高速郑州段	K625+920	1994.1	232.5	改变结构体系的方法进行加固
6	逢石河特大桥	菏宝高速济源至邵原段	K340+358	2005.11	1499	服役近 15 年,桥梁进行过加固
7	白河特大桥	沪陕高速信阳至南阳段	K1127+249	2004.1	1590.2	服役近 15 年
8	大店河大桥	菏宝高速济源至邵原段	K326+400	2005.1	738	服役近 15 年
9	南崖大桥	菏宝高速济源至邵原段	K339+300	2005.1	468	服役近 15 年
10	跨陇海铁路桥	大广高速开封段	K1937+631	2006.12	767.774	服役近 15 年,桥梁进行过加固
11	淮河特大桥	大广高速息县至光山段	K2224+663	2007.10	4958.2	服役近 15 年,桥梁进行过加固

序号	桥梁	路段	桩号	通车时间	桥长（m）	备注
12	大清沟桥	盐洛高速公路	K45+481	2011.12	697.2	服役近10年，桥梁进行过加固
13	史楼互通B匝道桥	商南高速	BK1+170.219	2006.12	296.74	服役近10年，桥梁进行过加固
14	史楼互通1号桥	商南高速	K28+109	2006.12	102.52	服役近10年，桥梁进行过加固
15	岭头大桥	连霍高速三门峡段	K756+384	2001.12	187.8	服役近15年，桥梁进行过加固
16	渑池-池底分离式立交	连霍高速三门峡段	K762+86	2001.12	65	服役近15年，桥梁进行过加固
17	朱城大桥	连霍高速三门峡段	K766+350	2001.12	245.14	服役近15年，桥梁进行过加固
18	东涧河大桥	连霍高速三门峡段	K772+214	2001.12	428.9	服役近15年，桥梁进行过加固
19	山河口大桥	连霍高速三门峡段	K803+143	2001.12	277.26	服役近15年，桥梁进行过加固
20	青龙涧河大桥	连霍高速三门峡段	K808+768	2001.12	427.3	服役近15年，桥梁进行过加固
21	苍龙涧河大桥	连霍高速三门峡段	K820+727	2001.12	242	服役近15年，桥梁进行过加固
22	罐煮沟大桥	连霍高速三门峡段	K187+26	2001.12	823.89	服役近15年，桥梁进行过加固
23	黄河特大桥	济洛高速济源至洛阳西段	K37+485	2016.11	2170.35	特别重要桥梁
24	黄河特大桥	台辉高速豫鲁省界至台前互通段	K5+749	2020.1	11420.08	特别重要桥梁
25	黄河特大桥	垣渑高速河南段	K0+946	2021.7	1727.6	特别重要桥梁
26	小寺坡大桥	连霍高速三门峡段	K784+113	2001.12	211.02	服役近15年，桥梁进行过加固
27	四道沟大桥	连霍高速三门峡段	K787+67	2001.12	216.4	服役近15年，桥梁进行过加固

续表 3-17

序号	桥梁	路段	桩号	通车时间	桥长(m)	备注
28	南沟大桥	连霍高速三门峡段	K798+225	2001.12	359.78	服役近 15 年,桥梁进行过加固
29	唐沟大桥	连霍高速三门峡段	K784+644	2001.12	264.08	服役近 15 年,桥梁进行过加固

3.2.2　规划单元

根据桥隧养护规划范围情况,纳入本次桥隧养护规划共计 56 幅特大桥、2 条特长隧道和 33 条长隧道、3 座存量 30 m 空心板桥梁、预测部分三类桥梁(涵洞)和 29 座重点桥梁。

桥隧养护规划单元均为整幅桥梁或隧道,见表 3-18。

表 3-18　桥隧养护规划单元

序号	规划范围类型	具体范围
1	重点长大桥隧	56 幅特大桥、2 条特长隧道和 33 条长隧道
2	三类桥涵隧	根据往年专项情况,每年预估 34 座左右
3	日常养护无法维修的影响行车安全的病害	根据往年专项情况,每年预估部分费用
4	早期建设老旧桥梁	京港澳驻信段 3 座
5	重点桥梁结构健康监测	29 座重点桥梁

3.3　交安

3.3.1　规划范围

目前集团所属高速公路护栏长度 20388100 延米,交安养护规划范围确定原则主要考虑因素为现状技术标准、运营年限、护栏使用状况、路段内交通事故情况以及近年是否有改扩建实施计划等,并根据以上影响因素对护栏状况进行整体评价。交安设施(护栏)整体评价分类及依据见表 3-19。

表3-19　护栏整体评价分类及依据

序号	评价分类	评价依据
1	良好	参照17版交安规范
2	一般	参照06版交安规范,运营年限<15年,使用状况相对较好
3	较差	参照06版交安规范,运营年限≥15年,护栏使用状况较差,如护栏板和立柱锈蚀占比大
4	差	参照94版交安规范,护栏使用状况较差,如护栏板和立柱锈蚀占比大

注:护栏使用状况评价结合现场实际情况和评估结果确定。

根据交安设施（护栏）整体评价分类及依据,集团所属高速公路整体评价为"良好"的路段共计34个,整体评价为"一般"的路段共计39个,整体评价为"较差"的路段共计21个,整体评价为"差"的路段共计13个。

本次对整体评价为"差"和"较差"的路段纳入2024—2026年交安设施养护规划范围。具体规划范围见表3-20、表3-21。

3.3.2　规划单元

根据规划范围情况,纳入本次交安设施养护规划共计38个路段。为进一步细化交安养护规划方案,本次对规划范围内的路段划分规划单元,划分单元的主要考虑因素为各路段的地市区域分布、养护规模大小、养护历史情况等,同时结合路面养护规划单元。具体划分原则同路面养护规划单元划分原则一致。

按照划分原则进行规划单元划分,本次交安养护规划范围路段共计划分为43个规划单元,各规划单元具体情况见表3-22。

表3-20 不纳入交安设施（护栏）养护规划范围路段（2024—2026年）

序号	路段基本情况					2018—2023年护栏主要养护历史	现状护栏参照标准	护栏整体评价				近年是否有改扩建计划
	路段名称	起点桩号	终点桩号	养护里程（公里）	运营年限			良好	一般	较差	差	
1	G4京港澳高速原新段	K568+960	K597+526	28.566	19	2021年中分带全线改造为混凝土	中分带17版规范、路侧94版规范				√	是
2	G4京港澳高速郑州段	K639+000	K690+400	51.400	19	2020年、2021年全段路侧中分带已改造	17版规范	√				
3	G4京港澳高速驻信段	K873+306	K931+610	58.304	8		06版规范		√			
4	G4京港澳高速驻信段	K931+610	K1007+338	75.728	8		06版规范		√			
5	连霍呼北高速联络线	K0+000	K27+407	27.407	1		17版规范	√				
6	G30连霍高速郑州段	K528+100	K600+200	72.100	9	2022年改造全段路侧护栏，改造K559+550－K600+200段中分带护栏为混凝土护栏	17版规范	√				
7	G30连霍高速商丘东段	K291+000	K360+960	69.960	22		94版规范				√	是
8	G30连霍高速洛阳段	K650+000	K705+910	55.910	11		06版规范		√			

续表 3-20

序号	路段基本情况				运营年限	2018—2023年护栏主要养护历史	现状护栏参照标准	护栏整体评价				近年是否有改扩建计划
	路段名称	起点桩号	终点桩号	养护里程（公里）				良好	一般	较差	差	
9	G30 连霍高速洛阳段	K705+910	K734+700	28.790	8		06版规范		√			
10	G30 连霍高速洛阳段	K734+700	K748+216	13.516	8		06版规范			√		
11	G30 连霍高速三门峡段	K748+216	K901+030	152.814	8	2022年改造重点路段护栏提升为混凝土	06版规范			√		
12	G45 大广高速濮阳段	K1776+154	K1835+593	59.439	17	2023年路侧修复养护，中分带混凝土修复养护	中分带94版规范、路侧17版规范	√				
13	G45 大广高速开通段	K1929+660	K1993+888	64.228	17	2021、2023年全段路侧中分带已改造	17版规范	√				
14	G45 大广高速扶沟至项城段	K1993+888	K2134+678	140.790	17	2021年、2022年路侧护栏全线改造为波形梁护栏，2022年中分带局部改造为混凝土	中分带94版规范、路侧17版规范		√			
15	G40 沪陕高速叶信东段	K764+000	K900+000	136.000	18		94版规范		√			
16	C3001 郑州西南绕城高速		K51+558	51.558	18	2021年全段路侧中分带已改造	17版规范	√				

续表 3-20

序号	路段基本情况			养护里程（公里）	运营年限	2018—2023 年护栏主要养护历史	现状护栏参照标准	护栏整体评价				近年是否有改扩建计划
	路段名称	起点桩号	终点桩号					良好	一般	较差	差	
17	G5512 晋新高速新庄至原阳段	K105+956	K118+716	12.760	19	2020 年、2021 年中分带全线改造为波形梁护栏	中分带 17 版规范，路侧 94 版规范				√	是
18	S49 焦唐高速巩登段	K49+300	K92+567	43.267	11		06 版规范		√			
19	G107 复线郑新黄河大桥	K686+000	K709+108	23.108	13		06 版规范		√			
20	S25 安罗高速一期	K45+102	K151+404	106.302	8		06 版规范		√			
21	S25 安罗高速二期		K45+102	45.102	5		17 版规范	√				
22	S92 洛卢高速洛阳至洛宁段	K68+707	K68+707	68.707	11		06 版规范		√			
23	S92 洛卢高速洛宁至卢氏段	K97+613	K97+613	28.906	11		06 版规范		√			
24	S92 洛卢高速洛宁至卢氏段	K97+613	K123+895	26.282	11		06 版规范		√			
25	S96 洛栾高速洛阳至嵩县段	K62+690	K62+690	62.690	11		06 版规范		√			

续表 3-20

序号	路段基本情况				运营年限	2018—2023年护栏主要养护历史	现状护栏参照标准	护栏整体评价				近年是否有改扩建计划
	路段名称	起点桩号	终点桩号	养护里程（公里）				良好	一般	较差	差	
26	S96 洛栾高速嵩县至栾川段	K62+690	K129+228	66.538	11		06版规范		✓			
27	G55 二广高速汝鑫段	K1194+804	K1221+584	26.780	15		06版规范			✓		
28	S95 济洛高速洛阳西段	K36+400	K59+230	23.784	3		17版规范	✓				
29	S88 郑栾高速尧山至栾川段	K179+536	K257+114	77.578	3		17版规范	✓				
30	S57 渑淅高速渑洛段	K55+685	K80+836	25.151	1		17版规范	✓				
31	S81 商南高速周口至南阳段	K164+140	K359+379	195.239	3		17版规范	✓				
32	濮卫高速安阳段		K27+174	27.174	1		17版规范	✓				
33	鹤辉高速		K61+220	61.220	1		17版规范	✓				
34	G3511 菏宝高速新乡	K152+155	K202+512	50.357	16	2023年路侧全线改造	中分带06版规范，路侧17版规范	✓				

续表 3-20

序号	路段基本情况					2018—2023 年护栏主要养护历史	现状护栏参照标准	护栏整体评价				近年是否有改扩建计划
	路段名称	起点桩号	终点桩号	养护里程（公里）	运营年限			良好	一般	较差	差	
35	濮卫高速新乡段	K27+080	K58+940	31.860	1		17 版规范		√			
36	C3511 菏宝高速焦作段	K231+937	K281+433	49.496	18	2023 年路侧全线改造	中分带 94 版规范，路侧 17 版规范	√				
37	S87 郑云高速郑武段	K28+638	K28+638	28.638	10		06 版规范		√			
38	S87 郑云高速武云段	K28+638	K63+737	35.099	7		06 版规范		√			
39	沿太行高速新乡段	K0+028	K29+562	29.534	1		17 版规范	√				
40	S26 台辉高速台范段	K13+007	K37+551	24.544	4		17 版规范	√				
41	S26 台辉高速界至范县段暨黄河特大桥	K13+007	K13+007	13.007	3		17 版规范	√				
42	S22 南林高速南乐至豫鲁省界段	K1+501	K35+000	33.499	8		06 版规范		√			

续表3-20

序号	路段基本情况					2018—2023年护栏主要养护历史	现状护栏参照标准	护栏整体评价				近年是否有改扩建计划
	路段名称	起点桩号	终点桩号	养护里程（公里）	运营年限			良好	一般	较差	差	
43	G0321 德上高速范县段	K212+028	K231+633	19.605	8		06版规范		√			
44	濮卫高速濮阳段		K39+700	39.700	1		17版规范	√				
45	濮商高速濮阳段		K33+916	33.916	1		17版规范	√				
46	S49 焦唐高速登封至汝州段	K98+997	K157+674	58.677	7		06版规范		√			
47	C59 呼北高速豫晋省界至灵宝段	K871+832	K877+000	5.168	4		17版规范	√				
48	C59 呼北高速灵宝至卢氏段	K877+000	K957+881	80.881	11		06版规范		√			
49	C59 呼北高速卢氏至西坪段	K957+881	K1007+029	49.148	8		06版规范		√			
50	S92 洛宁至卢氏段卢氏至洛宁段	K123+895	K137+186	13.291	11		06版规范		√			
51	S75 三门峡公铁桥河南段及南引桥	K0+881	K3+063	2.182	2		06版规范		√			

续表 3-20

序号	路段基本情况					2018—2023 年护栏主要养护历史	现状护栏参照标准	护栏整体评价				近年是否有改扩建计划
	路段名称	起点桩号	终点桩号	养护里程（公里）	运营年限			良好	一般	较差	差	
52	S57 渑池至垣曲高速河南段		K40+214	40.214	2		17 版规范	∨				
53	S86-12 闸垣高速古城联络线		K18+065	18.065	2		06 版规范		∨			
54	S57 渑浙高速渑洛段	K40+214	K55+685	15.471	1		17 版规范	∨				
55	S57 渑浙高速栾川至双龙段	K120+000	K168+358	48.358	2		17 版规范	∨				
56	G59 呼北高速卢氏至寺湾段	K1007+029	K1079+625	72.596	8		06 版规范		∨			
57	S88 郑西西高速双龙至西峡段	K168+358	K181+758	13.400	1		17 版规范	∨				
58	S57 渑浙高速西浙段	K181+758	K234+519	52.761	1		17 版规范	∨				
59	G1516 盐洛高速永城段	K448+000	K493+936	45.936	12		06 版规范		∨			
60	S62 淮内高速息县至邢集段	K59+415	K158+165	98.750	4		17 版规范	∨				

续表 3-20

序号	路段基本情况					2018—2023年护栏主要养护历史	现状护栏参照标准	护栏整体评价				近年是否有改扩建计划
	路段名称	起点桩号	终点桩号	养护里程（公里）	运营年限			良好	一般	较差	差	
61	S62淮内高速淮滨至息县段		K49+235	49.235	11		06版规范		√			
62	S21濮商高速淮滨至固始段	K49+235	K115+821	66.586	11		06版规范		√			
63	安罗高速信阳段	K127+940	K149+160	21.220	1		17版规范	√				
64	许信高速信阳段	K155+971	K171+933	15.962	1		17版规范	√				
65	G0421许广高速舞钢至桐柏段	K102+105	K199+663	97.558	16		06版规范		√			
66	S38新阳高速化庄至新蔡段	K0+495	K26+310	25.815	12		06版规范		√			
67	许信高速驻马店段	K74+850	K155+971	81.121	1		17版规范	√				
68	安罗高速驻马店段	K0+000	K127+940	127.940	1		17版规范	√				

续表 3-20

序号	路段基本情况					2018—2023年护栏主要养护历史	现状护栏参照标准	护栏整体评价				近年是否有改扩建计划
	路段名称	起点桩号	终点桩号	养护里程（公里）	运营年限			良好	一般	较差	差	
69	G3511 菏宝高速济源至邵原段	K294+472	K354+243	59.771	15	2021年,2023年路侧护栏全线改造为波形梁护栏,2022年中分带局部改造为混凝土	中分带参照94版规范,路侧17版规范		√			
70	G3511 菏宝高速济源至焦作段	K281+433	K287+565	6.132	18		94版规范		√			
71	S95 济洛高速济源至阳城段		K18+965	18.965	4		17版规范	√				
72	S95 济洛高速济源至洛阳西段	K18+965	K35+530	16.565	3		17版规范	√				
73	S95 济洛高速济源至阳西段	K35+530	K36+400	0.870	3		17版规范	√				
74	G56 杭瑞高速岳阳至常德段	K833+500	K974+530	141.030	10	2021年中分带全线改造为混凝土	06版规范		√			

表3-21 纳入交安设施（护栏）养护规划范围路段（2024—2026年）

序号	路段基本情况					2018—2023年护栏主要养护历史	现护栏参照标准	护栏整体评价			
	路段名称	起点桩号	终点桩号	养护里程（公里）	运营年限			良好	一般	较差	差
1	C4京港澳高速安阳段	K484+358	K531+612	47.254	13	2022年中分带全线改造为混凝土	中分带17版规范、路侧06版规范			✓	
2	C4京港澳高速鹤壁段	K531+612	K568+960	37.348	13	2021年,2022年中分带全线改造为混凝土	中分带17版规范、路侧06版规范			✓	
3	C4京港澳高速新乡段	K568+960	K597+526	28.566	13	2021年中分带全线改造为混凝土	中分带17版规范、路侧06版规范		✓		
5	C4京港澳高速郑州至漯河段	K691+000	K728+400	38.000	14		06版规范			✓	
6	C4京港澳高速郑州至漯河段	K690+400	K691+000	0.600	14		06版规范			✓	
7	G30连霍高速商丘西段	K360+960	K467+610	106.650	8		06版规范				✓
8	G30连霍高速开封段	K467+610	K528+100	60.490	9		06版规范			✓	
9	G30连霍高速郑州段	K600+200	K650+000	49.800	12	2022年改造上行全段路侧护栏，中分带护栏为波形梁护栏	上行17版规范、下行94版规范			✓	
10	C45大广高速濮阳段(含省界)	K1762+000	K1776+154	14.154	13	2023年中分带改造为混凝土	中分带17版规范、路侧06版规范			✓	

续表 3-21

序号	路段基本情况							护栏整体评价			
	路段名称	起点桩号	终点桩号	养护里程（公里）	运营年限	2018—2023 年护栏主要养护历史	现护栏参照标准	良好	一般	较差	差
11	C45 大广高速安阳段	K1835+593	K1877+636	42.043	17		94 版规范				√
12	C45 大广高速新乡段	K1877+636	K1915+850	K1877+636	17		94 版规范				√
13	C45 大广高速息光段	K2186+805	K2252+718	65.913	16	2020 年、2021 年路侧护栏全线改造为波形梁护栏	中分带 94 版规范、路侧 17 版规范				√
14	C40 沪陕高速叶信西段	K900+000	K949+400	49.400	18		94 版规范				√
15	C40 沪陕高速信南东段	K949+400	K989+403	40.003	17		94 版规范			√	
16	C40 沪陕高速信南西段	K989+403	K1038+000	48.597	17		94 版规范			√	
17	C40 沪陕高速信南西段	K1088+200	K1132+304	44.104	17		94 版规范			√	
18	C40 沪陕高速南阳至西坪段	K1132+304	K1282+821	150.517	16		K1156-K1189 段 94 版规范，其余段 17 版规范			√	

续表3-21

序号	路段基本情况					2018—2023年护栏主要养护历史	现护栏参照标准	护栏整体评价			
	路段名称	起点桩号	终点桩号	养护里程（公里）	运营年限			良好	一般	较差	差
19	G1516 盐洛高速少林寺至郑州段	K796+834	K831+500	34.666	18		94版规范				∨
20	G1516 盐洛高速郑州至洛阳段	K831+500	K855+595	24.095	18		94版规范				∨
21	G3511 菏宝高速济源至郡原段	K294+472	K354+243	59.771	15		06版规范			∨	
22	S1 机场高速	K0+000	K26+532	26.532	7		06版规范			∨	
23	G36 宁洛高速洛阳西南绕城段	K719+324	K755+368	36.044	18		94版规范				∨
24	G55 二广高速济源至洛阳段	K1123+755	K1139+000	15.245	18		94版规范				∨
25	G55 二广高速济源至洛阳段	K1102+555	K1123+755	21.200	18		94版规范				∨
26	S22 南林高速安阳至南乐段	K45+979	K97+522	51.543	15		94版规范				∨
27	S26 台辉高速濮鹤段	K99+340	K156+353	57.013	19		94版规范			∨	
28	S26 台辉高速濮鹤段	K98+000	K99+340	1.340	19		94版规范			∨	

续表 3-21

序号	路段基本情况					2018—2023 年护栏主要养护历史	现护栏参照标准	护栏整体评价			
	路段名称	起点桩号	终点桩号	养护里程（公里）	运营年限			良好	一般	较差	差
29	S22 南林高速安阳至南乐段	K35+000	K45+979	10.979	15		94 版规范			√	
30	G1516 盐洛高速许昌至扶沟段	K651+659	K679+489	27.830	16		94 版规范			√	
31	G1516 盐洛高速禹州至登封段	K746+258	K794+638	48.380	16		94 版规范			√	
32	G55 二广高速分水岭至南阳段	K1285+249	K1359+548	74.299	15		94 版规范			√	
33	S81 商南高速南阳北绕城	K365+557	K389+804	24.247	14		94 版规范			√	
34	S81 商南高速商丘段	K28+000	K96+493	68.493	17		94 版规范			√	
35	S81 商南高速商丘段一期	K1+009	K28+000	26.991	12		94 版规范			√	
36	G35 济广高速商丘段	K343+000	K400+449	57.449	18		94 版规范			√	
37	S81 商南高速周口段	K96+493	K164+140	67.647	17		94 版规范			√	
38	S38 新阳高速新蔡至泌阳段	K26+310	K172+210	145.900	16		94 版规范			√	

表3-22 交安设施（护栏）养护规划单元（2024—2026年）

序号	路段基本情况						2018—2023年护栏主要养护历史	现状护栏参照标准	备注
	路段名称	起点桩号	终点桩号	养护里程（公里）	运营年限				改造位置
1	G30连霍高速开封段	K467+610	K528+100	60.490	9			06版规范	路侧、中分带护栏提升
2	G4京港澳高速新乡段	K568+960	K597+526	28.566	13		2021年中分带全线改造为分设型混凝土护栏	中分带17版规范、路侧06版规范	路侧护栏提升
3	G36宁洛高速洛阳西南绕城段	K719+324	K755+368	36.044	18			94版规范	路侧、中分带护栏提升
4	G40沪陕高速叶信西段	K900+000	K949+400	49.400	18			94版规范	路侧、中分带护栏提升
5	G30连霍高速商丘西段	K360+960	K405+000	44.040	8			中分带94版规范、路侧06版规范	中分带护栏提升
6	G45大广高速安阳滑县段	K1835+593	K1858+000	22.407	17			94版规范	下行路侧、中分带护栏提升
7	G30连霍高速郑州段	K600+200	K650+000	49.800	12		2022年改造上行全段路侧护栏，中分带护栏为波形梁护栏	上行17版规范、下行94版规范	中分带护栏提升
8	G30连霍高速商丘西段	K405+000	K435+000	30.000	8			中分带94版规范、路侧06版规范	路侧护栏提升
9	G4京港澳高速鹤壁段	K531+612	K568+960	37.348	13		2021年、2022年中分带全线改造为混凝土	中分带17版规范、路侧06版规范	路侧、中分带护栏提升

续表 3-22

序号	路段基本情况					2018—2023 年护栏主要养护历史	现状护栏参照标准	备注（改造位置）
	路段名称	起点桩号	终点桩号	养护里程（公里）	运营年限			
10	G4 京港澳高速郑州至漯河段	K691+000	K728+400	37.400	13		06 版规范	路侧护栏提升
11	G40 沪陕高速南阳至西坪段	K1156+831	K1189+767	32.936	16		K1156–K1189 段 94 版规范，其余段 17 版规范	路侧护栏提升，中分带护栏修复
12	S81 商南高速商丘段	K28+000	K58+000	30.000	17		94 版规范	路侧护栏提升
13	S81 商南高速周口段	K134+000	K164+140	30.140	17		94 版规范	下行路侧、中分带护栏提升
14	G3511 菏宝高速济源至陕部原段	K294+472	K354+243	59.771	15		06 版规范	路侧护栏提升
15	C30 连霍高速商丘西段	K435+000	K467+610	32.610	8		中分带 94 版规范、路侧 06 版规范	中分带护栏提升
16	G4 京港澳高速安阳段	K484+358	K531+612	47.254	13	2022 年中分带全线改造为混凝土	中分带 17 版规范、路侧 06 版规范	路侧护栏提升
17	G45 大广高速省界段	K1762+000	K1776+154	14.154	13	2023 年中分带改造为混凝土	中分带 17 版规范、路侧 06 版规范	路侧护栏提升
18	S81 商南高速商丘段	K58+000	K96+493	38.493	17		94 版规范	路侧护栏提升，中分带护栏修复

续表 3-22

序号	路段名称	路段基本情况				2018—2023 年护栏主要养护历史	现状护栏参照标准	备注
		起点桩号	终点桩号	养护里程（公里）	运营年限			改造位置
19	S81 商南高速周口段	K96+493	K134+000	37.507	17		94版规范	路侧护栏提升
20	G55 二广高速济源至洛阳段	K1123+755	K1139+000	15.245	18		94版规范	路侧、中分带护栏提升
21	G40 沪陕高速信南西段	K989+403	K1038+000	48.597	17		94版规范	路侧、中分带护栏提升
22	G40 沪陕高速信南西段	K1088+200	K1132+304	44.104	17		94版规范	路侧护栏提升，中分带护栏修复
23	S1 机场高速	K0+000	K26+532	26.532	7		06版规范	路侧、中分带护栏提升
24	G1516 盐洛高速少林寺至郑州段	K796+834	K831+500	34.666	18		94版规范	路侧、中分带护栏提升
25	G55 二广高速济源至洛阳段	K1102+555	K1123+755	21.200	18		94版规范	路侧、中分带护栏提升
26	S22 南林高速安阳至南乐段	K45+979	K97+522	51.543	15		94版规范	路侧护栏提升，中分带护栏修复
27	S26 台辉高速濮鹤段	K128+000	K156+353	28.353	19		94版规范	路侧、中分带护栏提升

续表 3-22

序号	路段名称	路段基本情况			运营年限	2018—2023 年护栏主要养护历史	现状护栏参照标准	备注
		起点桩号	终点桩号	养护里程（公里）				改造位置
28	G1516 盐洛高速郑州至洛阳段	K831+500	K855+595	24.095	18		94 版规范	路侧、中分带护栏提升
29	G4 京港澳高速郑州至漯河段	K690+400	K691+000	0.600	13		06 版规范	路侧、中分带护栏提升
30	G45 大广高速新乡段	K1877+636	K1915+850	38.214	17		94 版规范	路侧护栏提升、中分带护栏修复
31	G40 沪陕高速信南西段	K949+400	K989+403	40.003	17		94 版规范	路侧、中分带护栏提升
32	G45 大广高速息光段	K2186+805	K2252+718	65.913	16	2020 年,2021 年路侧护栏全线改造为波形梁护栏	中分带 94 版规范、路侧 17 版规范	中分带护栏耐久性修复
33	S22 南林高速安阳至南乐段	K35+000	K45+979	10.979	15		94 版规范	路侧护栏提升、中分带护栏修复
34	S22 南林高速安阳至南乐段	K45+979	K97+522	51.543	15		94 版规范	路侧护栏提升、中分带护栏修复
35	S26 台辉高速濮鹤段	K99+340	K128+000	28.660	19		94 版规范	路侧、中分带护栏提升
36	S38 新阳高速新蔡至泌阳段	K108+000	K172+210	64.210	16		94 版规范	路侧、中分带护栏提升

续表 3-22

| 序号 | 路段基本情况 | | | | | 2018—2023 年护栏主要养护历史 | 现状护栏参照标准 | 备注 |
	路段名称	起点桩号	终点桩号	养护里程（公里）	运营年限			改造位置
37	G1516 盐洛高速禹州至登封段	K746+258	K794+638	48.380	16		94 版规范	路侧、中分带护栏提升
38	G35 济广高速商丘段	K343+000	K400+449	57.449	18		94 版规范	路侧、中分带护栏提升
39	S81 南南高速商丘段二期	K1+009	K28+000	26.991	12		94 版规范	路侧、中分带护栏提升
40	G55 二广高速分水岭至南阳段	K1285+249	K1359+548	74.299	15		94 版规范	路侧、中分带护栏提升
41	S38 新阳高速新蔡至泌阳段	K26+130	K108+000	81.870	16		94 版规范	路侧、中分带护栏提升
42	G1516 盐洛高速许昌至扶沟段	K651+659	K679+489	27.830	16		94 版规范	路侧、中分带护栏提升
43	S81 商南高速南阳北绕城	K365+557	K389+804	24.247	14		94 版规范	路侧、中分带护栏提升

3.4　路基高边坡

3.4.1　规划范围

根据 2022 年 11 月《河南省高速公路自然灾害综合风险普查项目》及集团 2023 年 9 月组织的调查统计数据,现有 817 处高边坡。根据稳定性评价,划分为稳定 730 处、基本稳定 57 处、欠稳定 30 处。本次按照边坡的稳定性、危险程度、所在路线重要程度,本次高边坡养护规划范围包括欠稳定 30 处高边坡、基本稳定 57 处高边坡,共计 88 处。见表 3-23、图 3-6。

表 3-23　高边坡养护规划范围确定原则

稳定性评价	数量	是否纳入规划范围
稳定	730 处	否
基本稳定	57 处	是
欠稳定	30 处	是

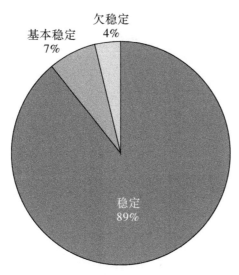

图 3-6　路基高边坡稳定性评价

3.4.2　规划单元

高边坡养护规划单元按照左右侧分开,边坡长度为高边坡整体长度。

第 4 章

养护类型决策及对策选择

4.1　主要影响因素

高速公路作为交通运输体系重要组成部分，其养护类型决策受自身条件和外部条件等多种因素影响，主要影响因素可归纳为以下五个方面（表4-1）：

表4-1　养护类型决策主要影响因素

序号	影响因素	释义	具体分类
1	路段性质	路段在路网中的重要程度	特别重要国道主干线、重要国道主干线、重要省道主干线、其他国道、其他省道
2	运营年限	参照高速公路沥青路面设计使用年限分类、路面使用性能衰减经验规律	5~8年、9~12年、13~15年、>15年
3	交通量（pcu/d）	换算为单车道年平均日当量交通量	<5000 5000~8000 8000~12000 12000~20000 >20000
4	技术状况	①主要考虑路面破损PCI，其余指标如平整度RQI、车辙RDI和抗滑SRI作为辅助指标一并考虑；②桥隧参照最近一次检测报告，并根据近年技术状况变化规律进行预测	路面：PQI（2022年年底省检数据） 桥隧：最近一次桥检报告
5	养护历史	近5年养护情况，包括处治方案、规模、效果等，其中重点考虑2021—2023年三年行动期间的养护历史	近5年养护历史（重点考虑2021—2023年）
6	养护资金	年度养护专项资金投入	

注：①路段性质：即路网中的重要程度，参照河南省相关文件办法中的定位描述；
②运营年限：按照高速公路沥青路面设计使用年限和路面使用性能衰减规律；
③交通量：换算为单车道年平均日当量交通量；
④技术状况：路面按照2022年省检数据，桥隧技术状况按最近一次检测报告；
⑤养护历史：主要考虑近5年实施情况，包括处治方案和处治规模。

4.1.1 路段性质

即路段在路网中的重要程度,参照《河南省高速公路网规划(2021—2035 年)》《河南省高速公路养护管理提升三年行动方案》等政策文件中对集团高速公路各路段定位的描述,按照路段性质分类,集团所属高速公路可分为特别重要国道主干线、重要国道主干线、重要省道主干线、其他国道和其他省道。

4.1.2 运营年限

运营年限一方面根据《公路沥青路面设计规范》(JTG D50—2017)和《公路沥青路面养护设计规范》(JTG 5421—2018)中对高速公路设计使用年限的要求,如新建 15 年、结构性修复 10 ~ 15 年、功能性修复 5 ~ 8 年和预防养护 2 ~ 5 年;另一方面参照沥青路面使用性能衰减经验规律进行分类,分为 5 ~ 8 年、9 ~ 12 年、13 ~ 15 年、>15 年。

4.1.3 交通量

交通量按照集团 2022 年道路交通量调查统计结果,根据设计交通量、通行能力、高速公路服务水平不低于三级要求,考虑车道数量,折算为单车道年平均日当量交通量,分为<5000 pcu/d、5000 ~ 8000 pcu/d、8000 ~ 12000 pcu/d、12000 ~ 20000 pcu/d 和 >20000 pcu/d。

4.1.4 技术状况

路面技术状况根据 2022 年年底省检数据,参照《公路沥青路面养护设计规范》《河南省高速公路养护管理提升三年行动方案》《河南省"十四五"高速公路养护管理发展纲要》,路面使用性能指数 PQI 以破损状况指标为主,按照 PCI≥90 和 PCI<90 分类,其余技术状况指标如平整度 RQI、车辙 RDI 和抗滑 SRI 作为辅助指标一并考虑。

桥隧技术状况参照最近一次技术状况检测报告。

4.1.5 养护历史

养护历史主要参考近 5 年养护情况,包括处治方案、处治规模、处治效果等,其中重点考虑 2021—2023 年三年行动期间的养护历史。

4.1.6 养护资金

结合集团需求,本次养护规划养护资金暂按 2024—2026 三年共计 100 亿左右控制,同时需根据集团最新的养护管理、养护需求和养护资金等情况,及时动态调整。

4.2 路面养护类型决策

根据养护规划类型主要影响因素和决策原则,建立路面养护类型决策模型,确定各规划单元的养护类型(提升改造、修复养护、预防养护),然后根据具体情况选择各规划单元的养护对策。

4.2.1 养护类型分类

根据《河南省高速公路养护管理办法》(豫交规〔2021〕3号)和《河南交通投资集团有限公司高速公路养护管理办法》(豫交集团工〔2023〕102号)等办法,结合集团2021—2023年路面养护专项情况,路面养护类型分类见表4-2。

表4-2 养护类型分类

序号	养护类型	养护理念	实施方式	技术工艺
1	提升改造	集约养护理念	借鉴改建工程实施方式,按投资类项目管理	整段集中实施路面改建工程,加厚路面结构层,提升路面承载力,附带提升护栏等级、桥涵维修加固、路基水毁处治、绿化提升等
2	修复养护	①连续全幅养护理念	连续全幅集中修复处治	①连续全幅铣刨重铺上面层处治,将表面层石灰岩路面逐步调整为玄武岩路面
		②循环再生、绿色养护理念		②玄武岩路面且具备再生条件的优先考虑再生技术方案
3	预防养护	①预防性养护理念;②长寿命周期养护理念	根据路面技术状况指标和病害类型,采取针对性处治方案,延长路面养护周期	连续全幅预防养护处治,如表处、薄层罩面等

4.2.2 养护类型决策原则

养护类型决策主要考虑各规划单元的路段性质、运营年限、交通量状况,兼顾其他因素(路面技术状况和养护历史),达到统筹均衡、科学决策、分类管理的目的,路面养护类型决策原则分类如下:普遍适用性原则(表4-3)、特殊性原则(表4-4)和延续性原则(表4-5)。

4.2.2.1 普遍适用性原则

表4-3 养护类型决策普遍适用性原则

序号	路段特征	养护类型	代表路段
1	特别重要国道主干线 运营年限≥10年	以全面大修为主,整体提升改造	G4 京港澳高速安新段 G30 连霍高速开封段
	重要国省道主干线 运营年限≥15年 交通量≥12000 cup/d		G40 沪陕高速叶信段 G45 大广高速安阳段
2	其他国省道 运营年限>13年 交通量≥8000 cup/d	以修复养护为主,解决实际问题	G55 二广高速南阳段 S22 南林高速安南段 S38 新阳高速新蔡段
3	其他国省道 运营年限>5年 交通量<8000 cup/d	以预防养护为主,延长养护周期	G59 呼北高速卢西段 S25 安罗高速一期 S62 淮内高速淮息段

4.2.2.2 特殊性原则

表4-4 养护类型决策特殊性原则

序号	路段特征	养护类型
1	①原建设标准低,路面结构层厚度薄,路面技术状况差; ②护栏状况较差、桥隧病害多及其他附属设施等	可按全面大修,整体提升改造
2	需考虑不同路段路面的病害类型和表现特征	以疲劳裂缝类病害或抗滑不足为主,可按预防养护处治
		以面积类病害或结构性病害为主,可按大修处治,加厚路面结构层,提升路面承载力

4.2.2.3 延续性原则

表4-5 养护类型决策延续性原则

序号	路段特征	养护类型
1	三年行动以分路段、分车道修复或预防养护为主的路段	延续其处治原则和处治方案

4.2.3 养护类型决策模型

根据养护类型分类和决策原则,确定养护类型决策模型(表4-6)具体如下:

表4-6 路面养护类型决策模型

序号	养护类型	决策模型
1	提升改造	①特别重要路段、≥10年 ②重要国省道主干线、≥15年、单车道年平均日交通量≥12000 cup/d ③近三年大修且剩余未处治路段
2	修复养护	①其他国省道、13~15年、单车道年平均日交通量≥8000 cup/d ②其他国省道、>15年、单车道年平均日交通量<8000 cup/d
3	预防养护	①其他国省道、9~12年、单车道年平均日交通量<5000 cup/d ②其他国省道、5~8年、单车道年平均日交通量>5000 cup/d

养护类型决策主要考虑各养护规划单元的路段重要性、运营年限、交通量及交通组成状况等3个影响因素,本次对各影响因素赋予影响系数(表4-7~表4-9),具体如下:

表4-7 重要性系数分类

影响因素	具体分类	重要性系数 ZY
路段重要性	特别重要国道主干线	1.2
	重要国道主干线	1.0
	重要省道主干线	0.9
	其他国道	0.9
	其他省道	0.8

表 4-8　运营年限系数分类

影响因素	具体分类	运营年限系数 NX
运营年限	5 ~ 8 年	0.6
	9 ~ 12 年	0.8
	13 ~ 15 年	0.9
	>15 年	1

表 4-9　交通量系数分类

影响因素	具体分类	交通量系数 JT
交通量	<5000 cup/d	0.5
	5000 ~ 8000 cup/d	0.6
	8000 ~ 12000 cup/d	0.7
	12000 ~ 20000 cup/d	0.8
	>20000 cup/d	1

建立路面养护类型决策模型如下：

$$LX = ZY \times NX \times JT \qquad (4-1)$$

$$IF \begin{cases} [\text{养护类型决策值 } LX \geqslant 0.7] = \text{"提升改造（大修）"} \\ [0.4 \leqslant \text{养护类型决策值 } LX < 0.7] = \text{"修复养护"} \\ [\text{养护类型决策值 } LX < 0.4] = \text{"预防养护"} \end{cases}$$

式中：

ZY——重要性系数（表示路段重要性类别）；

NX——运营年限系数（表示运营年限）；

JT——交通量系数（表示单车道当量交通量）；

LX——养护类型决策值（养护类型系数）。

表 4-10　养护类型决策选取

养护类型决策值	范围	养护类型决策
LX	$LX \geqslant 0.7$	提升改造（大修）
	$0.4 \leqslant LX < 0.7$	修复养护
	$LX < 0.4$	预防养护

4.2.4　养护对策选择

养护对策的选择制定应在确定养护类型的基础上，综合路况指标、运营年限、结构性能、典型病害类型及成因、交通量及交通组成、养护历史、路段重要性等因素，再通过比选论证后确定。具体见表4-11。

表4-11　养护对策库及适用条件

养护类型	养护对策库	适用性条件			综合单价（元/m²）
		病害类型	路面结构完整性	结构强度	
预防养护	微表处	抗滑不足、轻度裂缝或车辙	良好	充足	30
	精表处	抗滑不足	良好	充足	40
	抗滑复合封层	抗滑不足	良好	充足	40
	抗裂复合封层	疲劳裂缝	良好	充足	40
	薄层罩面	轻度泛油或老化、轻度裂缝或车辙	良好	充足	50
	超薄磨耗层		良好	充足	65
修复养护（大修、中修）	热再生	表面层性能衰减	基层及中下面层保持完好；多数病害未贯穿表面层结构且具备再生条件	充足	100
	铣刨重铺	表面层性能衰减	基层及中下面层保持完好；表面层发生较大面积损坏	充足	110
	加铺罩面（AC-13C）	表面层性能衰减	基层及中下面层保持完好；多数病害未贯穿表面层结构	充足	145
	加铺罩面（SMA-13）				150

注：①预防养护对策应根据路面技术状况、病害类型、交通量、外观要求、工程经验等因素综合确定；
②综合单价参考2023年路面养护专项工程平均综合单价。

4.2.5　决策结果

　　根据路面养护类型决策模型和养护对策选择原则，各规划单元的养护类型决策和养护对策选择结果见表4-12。

表 4-12　路面养护规划单元养护类型决策及养护对策选择结果（2024—2026 年）

养护单元编号	运营分公司	路段名称	起点桩号	终点桩号	养护口径里程（公里）	养护幅别	养护规模（车道公里）	养护类型决策	养护对策选择	投资估算（万元）	备注
1	安阳	G4 京港澳高速安阳段	K484+358	K531+612	47.254	全幅	378	提升改造	加铺罩面 SMA 护栏提升 桥涵维修	33137	
2	鹤壁	G4 京港澳高速鹤壁段	K531+612	K568+960	37.348	全幅	299	提升改造	加铺罩面 SMA 护栏提升 桥涵维修	27569	
3	新乡	G4 京港澳高速新乡段	K568+960	K597+526	28.566	全幅	229	提升改造	加铺罩面 SMA 护栏提升 桥涵维修	24262	
4	郑州	G4 京港澳高速郑州段	K651+643	K667+642	15.999	全幅	128	提升改造	加铺罩面 SMA 桥涵维修	8999	
5	驻马店	G4 京港澳高速驻信段	K873+306	K931+610	58.304	上行全车道	233	预防养护	低噪微表处+抗滑复合封层	6122	延续性原则
6	信阳	G4 京港澳高速信阳段	K954+200	K1007+338	53.138	下行全车道	213	预防养护	低噪微表处+抗滑复合封层	6642	延续性原则
7	信阳	G4 京港澳高速信阳段	K931+610	K1007+338	75.728	上行全车道	303	预防养护	低噪微表处+抗滑复合封层	7951	延续性原则

续表 4-12

养护单元编号	运营分公司	路段名称	起点桩号	终点桩号	养护口径里程（公里）	养护幅别	养护规模（车道公里）	养护类型决策	养护对策选择	投资估算（万元）	备注
8	商丘	G30 连霍高速商丘西段	K360+960	K405+000	44.040	全幅	352	提升改造	加铺罩面 护栏提升 桥涵维修	31639	①路面技术状况差，PCI 为 83.66；②属特别重要国道主干线
9	商丘	G30 连霍高速商丘西段	K405+000	K435+000	30.000	全幅	240	提升改造	加铺罩面 护栏提升 桥涵维修	21553	①路面技术状况差，PCI 为 85.10；②属特别重要国道主干线
10	商丘	G30 连霍高速商丘西段	K435+000	K467+610	32.610	全幅	261	提升改造	加铺罩面 护栏提升 桥涵维修	23428	①路面技术状况差，PCI 为 87.39；②属特别重要国道主干线
11	开封	G30 连霍高速开封段	K467+610	K528+100	60.490	全幅	484	提升改造	加铺罩面 护栏提升 桥涵维修	38032	
12	郑州	G30 连霍高速郑州段	K600+200	K650+000	49.800	下行半幅	199	提升改造	加铺罩面 护栏提升 桥涵维修	20051	

续表 4-12

养护单元编号	运营分公司	路段名称	起点桩号	终点桩号	养护口径里程（公里）	养护规划单元 养护幅别	养护规划单元 养护规模（车道公里）	养护类型决策	养护对策选择	投资估算（万元）	备注
13	洛阳	G30 连霍高速洛阳段	K705+910	K734+700	28.790	全幅	46	修复养护	铣刨重铺	1603	延续性原则
14	洛阳	G30 连霍高速洛阳段	K734+700	K748+216	13.516	全幅	32	修复养护	铣刨重铺	1129	延续性原则
15	三门峡	G30 连霍高速三门峡段	K754+000	K803+000	49.000	上行半幅	118	修复养护	铣刨重铺＋精表处	4961	延续性原则
16	三门峡	G30 连霍高速三门峡段	K858+000	K901+030	43.030	上行半幅	103	修复养护	铣刨重铺＋精表处	4357	延续性原则
17	三门峡	G30 连霍高速三门峡段	K860+000	K901+030	41.030	下行半幅	115	修复养护	铣刨重铺＋精表处	4847	延续性原则
18	濮阳	G45 大广高速省界段	K1762+000	K1776+154	14.154	全幅	85	提升改造	加铺罩面 护栏提升 桥涵维修	8157	
19	安阳	G45 大广高速安阳滑县段	K1835+593	K1858+000	22.407	全幅	90	提升改造	加铺罩面 护栏提升 桥涵维修	15394	
20	开封	G45 大广高速开封通许段	K1929+660	K1993+888	64.228	全幅	257	提升改造	加铺罩面 桥涵维修	16902	
21	周口	G45 大广高速扶沟至项城段	K1993+888	K2050+000	56.112	全幅	224	提升改造	加铺罩面 桥涵维修	17720	

续表 4-12

养护单元编号	运营分公司	路段名称	起点桩号	终点桩号	养护口径里程（公里）	养护幅别	养护规模（车道公里）	养护类型决策	养护对策选择	投资估算（万元）	备注
22	周口	G45 大广高速扶沟至项城段	K2050+000	K2134+678	84.678	全幅	339	提升改造	加铺罩面 桥涵维修	26740	
23	信阳	G40 沪陕高速叶信西段	K900+000	K949+400	49.400	全幅	198	提升改造	加铺罩面 护栏提升 桥涵维修	28109	
24	南阳	G40 沪陕高速信南西段	K1000+132	K1076+642	76.510	上行半幅	115	修复养护	铣刨重铺	8248	
25	南阳	G40 沪陕高速南阳至西坪段	K1156+831	K1189+767	32.936	上行半幅	115	提升改造	加铺罩面 护栏提升 桥涵维修	8249	
26	济源	G3511 菏宝高速济源至全部原段	K294+472	K354+243	59.771	全幅	198	提升改造	加铺罩面 护栏提升 桥涵维修	17681	
27	郑州	G3001 郑州西南绕城高速	K32+800	K51+558	18.758	上行半幅	120	提升改造	加铺罩面 桥涵维修	8674	
28	洛阳	G36 宁洛高速洛阳西南绕城段	K719+324	K755+368	36.044	全幅	113	提升改造	加铺罩面 护栏提升 桥涵维修	7829	

续表 4-12

养护单元编号	运营分公司	路段名称	起点桩号	终点桩号	养护口径里程（公里）	养护规划单元		养护类型决策	养护对策选择	投资估算（万元）	备注
						养护幅别	养护规模（车道公里）				
29	新乡	G5512 晋新高速新庄至原阳段	K105+956	K118+716	12.760	全幅	144	提升改造	加铺罩面 护栏提升 桥涵维修	21911	
30	商丘	G35 济广高速商丘段	K343+000	K400+449	57.449	上行半幅	115	修复养护	热再生＋铣刨重铺	4309	
31	商丘	G35 济广高速商丘段	K343+000	K400+449	57.449	下行半幅	115	修复养护	热再生＋铣刨重铺	4309	
32	洛阳	G55 二广高速汝鑫段	K1194+804	K1221+584	26.780	全幅	107	预防养护	低噪微表处	1269	
33	南阳	G55 二广高速分水岭至南阳段	K1285+249	K1359+548	74.299	上行半幅	133	修复养护	铣刨重铺	5234	
34	南阳	G55 二广高速分水岭至南阳段	K1285+249	K1359+548	74.299	下行半幅	93	修复养护	铣刨重铺	3655	
35	许昌	G1516 盐洛高速禹州至登封段	K746+258	K794+638	48.380	上行第 2 车道	48	修复养护	铣刨重铺	2101	
36	许昌	G1516 盐洛高速禹州至登封段	K746+258	K794+638	48.380	下行第 2 车道	48	修复养护	铣刨重铺	2101	
37	郑州	G1516 盐洛高速少林寺至郑州段	K796+834	K831+500	34.666	全幅	115	修复养护	铣刨重铺	4826	

续表 4-12

养护单元编号	运营分公司	路段名称	起点桩号	终点桩号	养护口径里程（公里）	养护幅别	养护规模（车道公里）	养护类型决策	养护对策选择	投资估算（万元）	备注
38	洛阳	G1516 盐洛高速郑州至洛阳段	K831+500	K855+595	24.095	全幅	96	修复养护	铣刨重铺	4185	
39	驻马店	C0421 许广高速舞钢至桐柏段	K102+105	K199+663	97.558	上、下行第2车道	117	修复养护	铣刨重铺	6707	
40	郑州	G107 复线郑新黄河大桥	K686+000	K709+108	23.108	全幅	10	修复养护	铣刨重铺	434	延续性原则，处治局部严重病害
41	郑州	G107 复线郑新黄河大桥	K686+000	K709+108	23.108	全幅	139	预防养护	薄层罩面	3723	考虑路面技术状况
42	三门峡	G59 呼北高速灵宝至卢氏段	K877+000	K957+881	80.881	全幅	78	预防养护	抗滑复合封层	1553	
43	三门峡	G59 呼北高速卢氏至西坪段	K957+881	K1007+029	49.148	上行半幅	82	预防养护	低噪微表处	1224	
44	三门峡	G59 呼北高速卢氏至西坪段	K957+881	K1007+029	49.148	下行半幅	82	预防养护	低噪微表处	1224	
45	南阳	G59 呼北高速卢氏至寺湾段	K1007+029	K1079+625	72.596	上行半幅	145	预防养护	低噪微表处	2042	
46	南阳	G59 呼北高速卢氏至寺湾段	K1007+029	K1079+625	72.596	下行半幅	145	预防养护	低噪微表处	2042	

续表 4-12

养护单元编号	运营分公司	路段名称	起点桩号	终点桩号	养护口径里程（公里）	养护规划单元				投资估算（万元）	备注
						养护幅别	养护规模（车道公里）	养护类型决策	养护对策选择		
47	岳常	G56 杭瑞高速岳阳至常德段	K833+500	K919+000	85.500	全幅	86	修复养护	铣刨重铺	3038	
48	岳常	G56 杭瑞高速岳阳至常德段	K930+000	K974+530	44.530	全幅	89	修复养护	铣刨重铺	3164	
49	岳常	G56 杭瑞高速岳阳至常德段	K833+500	K930+000	96.500	全幅	97	修复养护	铣刨重铺	3428	
50	郑州	S49 焦唐高速巩登段	K49+300	K64+000	14.700	全幅	35	修复养护	铣刨重铺	1617	处治病害严重路段
51	郑州	S49 焦唐高速巩登段	K64+000	K79+000	15.000	全幅	36	修复养护	铣刨重铺	1650	处治病害严重路段
52	郑州	S49 焦唐高速巩登段	K79+000	K92+567	13.567	全幅	33	修复养护	铣刨重铺	1492	处治病害严重路段
53	开封	S25 安罗高速一期	K45+102	K76+892	31.790	全幅	127	预防养护	精表处	1907	
54	周口	S25 安罗高速一期	K76+892	K114+000	37.108	全幅	148	预防养护	精表处	2226	
55	周口	S25 安罗高速一期	K114+000	K151+404	37.404	全幅	150	预防养护	精表处	2244	
56	洛阳	S92 洛卢高速洛阳至洛宁段	K0+000	K68+707	68.707	全幅	69	修复养护	铣刨重铺	3031	处治病害严重路段

续表 4-12

养护单元编号	运营分公司	路段名称	起点桩号	终点桩号	养护口径里程（公里）	养护规划单元		养护类型决策	养护对策选择	投资估算（万元）	备注
						养护幅别	养护规模（车道公里）				
57	洛阳	S92 洛卢高速洛宁至卢氏段	K97+613	K123+895	26.282	全幅	26	修复养护	铣刨重铺	1232	处治病害严重路段
58	洛阳	S96 洛栾高速洛阳至嵩县段	K0+000	K62+690	62.690	全幅	63	修复养护	铣刨重铺	2939	处治病害严重路段
59	洛阳	S96 洛栾高速嵩县至栾川段	K62+690	K129+228	66.538	全幅	67	修复养护	铣刨重铺	3119	处治病害严重路段
60	安阳	S22 南林高速安阳至南乐段	K45+979	K97+522	51.543	上行半幅	87	修复养护	铣刨重铺	3592	
61	安阳	S22 南林高速安阳至南乐段	K45+979	K97+522	51.543	下行半幅	103	修复养护	铣刨重铺	4252	
62	鹤壁	S26 台辉高速濮鹤段	K99+340	K128+000	28.660	全幅	115	预防养护	超薄磨耗层	4657	考虑路面技术状况相对较好
63	鹤壁	S26 台辉高速濮鹤段	K128+000	K156+353	28.353	全幅	113	预防养护	超薄磨耗层	4607	考虑路面技术状况相对较好
64	焦作	S87 郑云高速武云段	K28+638	K63+737	35.099	上行第1/2车道	70	预防养护	低噪声表处	1316	
65	焦作	S87 郑云高速武云段	K28+638	K63+737	35.099	下行第1/2车道	70	预防养护	低噪声表处	1316	
66	濮阳	S22 南林高速安阳至南乐段	K35+000	K45+979	10.979	下行半幅	22	修复养护	铣刨重铺	1006	

续表 4-12

养护单元编号	运营分公司	路段名称	起点桩号	终点桩号	养护口径里程（公里）	养护规划单元		养护类型决策	养护对策选择	投资估算（万元）	备注
						养护幅别	养护规模（车道公里）				
67	濮阳	S22 南林高速南乐至豫鲁省界段	K1+501	K35+000	33.499	全幅	134	预防养护	精表处	2233	
68	许昌	S49 焦唐高速登封至汝州段	K98+997	K157+674	58.677	全幅	7	修复养护	铣刨重铺	1031	延续性原则，处治沉陷工点
69	许昌	S49 焦唐高速登封至汝州段	K98+997	K157+674	58.677	全幅	6	修复养护	铣刨重铺	2063	延续性原则，处治沉陷工点
70	许昌	S49 焦唐高速登封至汝州段	K98+997	K157+674	58.677	全幅	5	修复养护	铣刨重铺	1719	延续性原则，处治沉陷工点
71	三门峡	S92 洛卢高速洛宁至卢氏段	K123+895	K137+186	13.291	全幅	47	预防养护	抗滑复合封层	877	
72	南阳	S81 商南高速南阳北绕城	K365+557	K389+804	24.247	全幅	97	预防养护	低噪微表处	2933	
73	商丘	S81 商南高速商丘段	K28+000	K58+000	30.000	全幅	120	提升改造	加铺罩面护栏提升桥涵维修	14880	
74	商丘	S81 商南高速商丘段	K58+000	K96+493	38.493	全幅	154	提升改造	加铺罩面护栏提升桥涵维修	18355	
75	商丘	S81 商南高速商丘段二期	K1+009	K28+000	26.991	上、下行第 2 车道	54	修复养护	铣刨重铺	2344	

续表 4-12

养护单元编号	运营分公司	路段名称	起点桩号	终点桩号	养护口径里程（公里）	养护规划单元 养护幅别	养护规模（车道公里）	养护类型决策	养护对策选择	投资估算（万元）	备注
76	信阳	S62 淮内高速淮滨至息县段	K0+000	K49+235	49.235	全幅	197	预防养护	抗裂复合封层+铣刨重铺	4616	
77	信阳	S21 濮商高速淮滨至固始段	K49+235	K82+500	33.265	全幅	133	预防养护	抗裂复合封层+铣刨重铺	3119	
78	信阳	S21 濮商高速淮滨至固始段	K82+500	K115+821	33.321	全幅	133	预防养护	抗裂复合封层+铣刨重铺	3124	
79	周口	S81 商南高速周口段	K96+493	K134+000	37.507	全幅	150	提升改造	加铺罩面护栏提升桥涵维修	16918	
80	周口	S81 商南高速周口段	K134+000	K164+140	30.140	全幅	121	提升改造	加铺罩面护栏提升桥涵维修	13595	
81	驻马店	S38 新阳高速新蔡至泌阳段	K26+310	K67+000	40.690	全幅	163	修复养护	热再生+铣刨重铺	5493	
82	驻马店	S38 新阳高速新蔡至泌阳段	K67+000	K108+000	41.000	全幅	164	修复养护	热再生+铣刨重铺	6150	
83	驻马店	S38 新阳高速新蔡至泌阳段	K108+000	K148+482	40.482	全幅	162	修复养护	热再生+铣刨重铺	6072	
84	驻马店	S38 新阳高速化庄至新蔡段	K0+495	K26+310	25.815	全幅	103	修复养护	热再生	3485	

续表 4-12

养护单元编号	运营分公司	路段名称	起点桩号	终点桩号	养护口径里程（公里）	养护规划单元			养护类型决策	养护对策选择	投资估算（万元）	备注
						养护幅别	养护规模（车道公里）					
85	中原	G4 京港澳高速郑州至漯河段	K690+400	K728+400	38.000	全幅	304		提升改造	加铺罩面护栏提升桥涵维修	29100	
86	中原	G4 京港澳高速郑州至漯河段	K728+400	K806+123	77.723	上、下行第 1 车道	93		修复养护	铣刨重铺	4422	延续性原则
87	中原	G4 京港澳高速郑州至漯河段	K728+400	K806+123	77.723	上、下行第 1 车道	93		修复养护	铣刨重铺	4422	延续性原则
88	中原	G4 京港澳高速漯河至驻马店段	K806+123	K873+306	67.183	上、下行第 3/4 车道	82		修复养护	铣刨重铺	3979	延续性原则
89	中原	G4 京港澳高速漯河至驻马店段	K806+123	K873+306	67.183	上、下行第 3/4 车道	41		修复养护	铣刨重铺	1879	延续性原则
90	中原	G4 京港澳高速漯河至驻马店段	K806+123	K873+306	67.183	上、下行第 3/4 车道	41		修复养护	铣刨重铺	1879	延续性原则
91	中原	S60 商登高速郑尧互通至甫庄互通	K182+509	K223+380	40.871	全幅	5		修复养护	铣刨重铺	1031	处治沉陷工点
92	中原	S88 郑栾高速平顶山段	K82+910	K183+479	100.569	全幅	78		修复养护	铣刨重铺	3065	延续性原则
93	中原	S88 郑栾高速平顶山段	K82+910	K183+479	100.569	全幅	52		修复养护	铣刨重铺	2141	延续性原则

续表 4-12

养护单元编号	运营分公司	路段名称	起点桩号	终点桩号	养护口径里程（公里）	养护幅别	养护规模（车道公里）	养护类型决策	养护对策选择	投资估算（万元）	备注
94	中原	S88 郑栾高速平顶山段	K82+910	K183+479	100.569	全幅	43	修复养护	铣刨重铺	1784	延续性原则
95	中原	S82 郑民高速郑州段至开封段一期	K0+000	K71+600	71.600	上行半幅	43	修复养护	铣刨重铺	1772	
96	中原	S82 郑民高速郑州段至开封段一期	K0+000	K71+600	71.600	下行半幅	43	修复养护	铣刨重铺	1772	
97	中原	S82 郑民高速开封段	K71+600	K119+570	47.970	上、下行第2车道	96	预防养护	精表处	1599	
98	中原	S60 商登高速商丘段至南丘通互通	K0+000	K114+106	114.106	上、下行第2车道	65	修复养护	热再生	2566	
99	中原	S1 机场高速	K0+000	K26+532	26.532	互通匝道	10	修复养护	铣刨重铺	750	
100	中原	S1 机场高速	K0+000	K26+532	26.532	全幅	212	预防养护	超薄磨耗层	8779	
101	中原	S60 商登高速南互通至航空港区	K114+106	K145+496	31.390	上、下行第2车道	63	预防养护	低噪微表处	1030	
102	中原	S60 商登高速航空港区至郑尧互通	K161+496	K182+509	21.013	上、下行第2车道	42	预防养护	低噪微表处	689	

根据路面养护类型决策及养护对策选择结果,2024—2026 年路面养护规划投资共计约 73.63 亿元(表 4-13),其中中原高速 7.23 亿元。提升改造处治规模占 42.0%,估算占比 66.6%。路面养护规划不同养护类型和养护对策统计图如图 4-1 所示。

表 4-13　2024—2026 年路面养护规划投资

养护类型	养护对策	单元数量	估算(亿元)
提升改造	加铺罩面	24	49.06
修复养护	铣刨重铺	44	13.23
	热再生	7	3.24
预防养护	表处	23	5.93
	薄层罩面	4	2.18

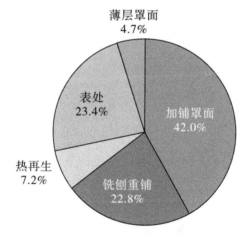

(a)不同养护方案规模占比

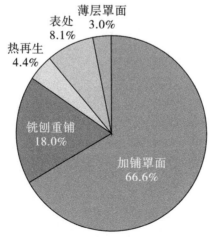

(b)不同养护方案投资估算占比

图 4-1　路面养护规划不同养护类型和养护对策统计图

4.3 桥涵隧养护类型决策

4.3.1 决策原则及模型

桥涵隧养护类型决策原则具体如下：

（1）对于重点桥隧（运营年限≥10 年的特大桥梁、特长及长隧道）按照 3 年周期进行预防养护；

（2）对于当年技术状况评定为 3 类及以上的桥梁、隧道、涵洞进行修复养护；

（3）对于伸缩缝和橡胶支座损坏、涵洞通道积水、涵洞单板受力、沉陷变形等日常养护无法维修且影响行车安全的桥梁（涵洞）病害进行修复养护；

（4）早期建设老旧桥梁（30 m 空心板），包括安全系数偏低、结构尺寸整体偏小、病害表现突出的桥梁进行加固改造；

（5）结合河南省"十四五"养护管理发展纲要和集团重点桥隧情况，分年度实施建立健全重点桥梁结构健康监测体系；

（6）另外，结合路面养护规划，对于综合提升改造路段中的桥隧等结构物一并纳入综合提升改造处治范围，随综合提升改造项目一并实施。

桥涵隧养护类型决策原则与决策模型见表 4-14、图 4-2。

表 4-14　桥涵隧养护类型决策原则

序号	类型	规划原则
1	预防养护	运营年限>10 年且未实施过预防养护的特大桥梁、特长及长隧道
2	修复养护	①当年新发现的三类桥梁、涵洞、隧道； ②伸缩缝和橡胶支座损坏、涵洞通道积水、涵洞单板受力、沉陷变形等日常养护无法维修且影响行车安全的桥梁病害； ③早期建设安全系数偏低、结构尺寸整体偏小、病害表现突出的老旧桥梁（主要为 30 m 空心板）
3	健康监测	重点桥梁结构健康监测系统

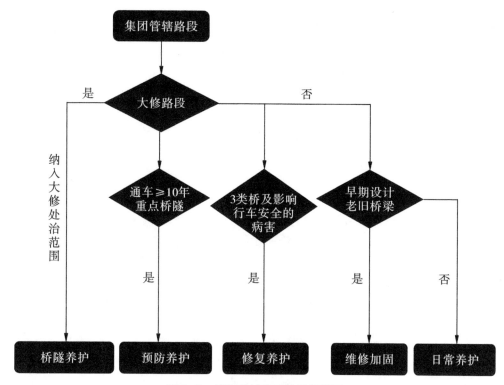

图 4-2　桥隧养护类型决策模型图

4.3.2　**决策结果**

根据桥隧养护类型决策模型,决策结果见表 4-15。

表 4-15　养护规划普遍适用性原则

序号	养护对策方案		养护类型决策模型
1	预防养护		特大桥梁、特长及长隧道
2	修复养护	3 类及以上桥	一般桥梁
		伸缩缝和橡胶支座损坏、涵洞通道积水、涵洞单板受力、沉陷变形等	一般桥梁、涵洞
3	维修加固		早期建设存在病害的老旧桥梁
4	健康监测		重点桥梁

根据桥涵隧养护类型决策及养护对策选择结果,2024—2026 年桥隧养护规划投资共计约 3.83 亿元。

4.4 交安养护类型决策

4.4.1 决策原则及模型

交安设施养护规划原则具体如下：

（1）对于非综合提升改造路段运营年限长、建设标准低（"94版"规范）且影响行车安全的波形梁护栏进行提升改造，对于新泽西护栏进行耐久性防腐修复；

（2）根据精细化提升行动实施方案要求，对列入项目库清单的路段分年度、分计划实施；

（3）另外，结合路面养护规划，对于综合提升改造路段中的交安设施一并纳入综合提升改造处治范围，随综合提升改造项目一并实施。

交安设施养护规划原则与交安养护类型决策模型见表4-16、图4-3。

表4-16　交安设施养护规划原则

序号	类型	规划原则
1	提升改造及修复养护	①综合提升改造路段:纳入综合提升改造范围; ②非综合提升改造路段:对于运营年限>15年、结合安全评估结果存在安全隐患的波形梁护栏提升改造; ③非综合提升改造路段:对于运营年限>15年的新泽西护栏耐久性防腐修复; ④结合安全评估结果,优先处理94版规范路段
2	精细化提升行动	按照交通安全设施精细化提升项目库清单

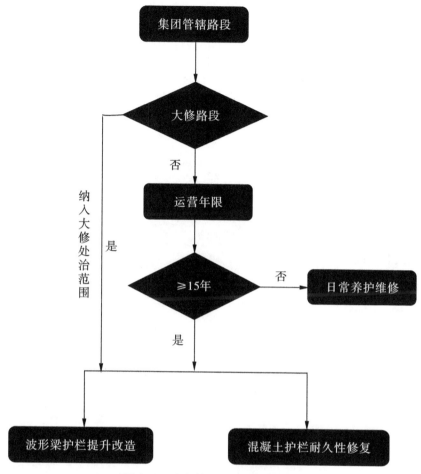

图 4-3　交安养护类型决策模型图

4.4.2　决策结果

根据交安养护类型决策模型,结合路面养护类型决策结果,本次对于综合提升改造范围内的交安规划结果不再单独体现,对于综合提升改造范围外的决策结果见表 4-17。

表 4-17 交安设施养护类型决策及对策

序号	路段基本情况				通车年限	现护栏参照标准	改造位置及类型	费用估算（万元）
	路段名称	起点桩号	终点桩号	养护里程（公里）				
1	G55 二广高速济源至洛阳段	K1123+755	K1139+000	15.245	18	94 版规范	路侧、中分带护栏提升	3851
2	G40 沪陕高速信南西段	K989+403	K1038+000	48.597	17	94 版规范	路侧、中分带护栏提升	12277
3	G40 沪陕高速信南西段	K1088+200	K1132+304	44.104	17	94 版规范	路侧护栏提升，中分带护栏修复	5571
4	S1 机场高速	K0+000	K26+532	26.532	7	06 版规范	路侧、中分带护栏提升	6600
5	G1516 盐洛高速少林寺至郑州段	K796+834	K831+500	34.666	18	94 版规范	路侧、中分带护栏提升	8320
6	G55 二广高速济源至洛阳段	K1102+555	K1123+755	21.200	18	94 版规范	路侧、中分带护栏提升	5088
7	S22 南林高速安阳至南乐段	K45+979	K97+522	51.543	15	94 版规范	路侧护栏提升，中分带护栏修复	2835

续表 4-17

序号	路段基本情况				通车年限	现护栏参照标准	改造位置及类型	费用估算（万元）
	路段名称	起点桩号	终点桩号	养护里程（公里）				
8	S26 台辉高速濮鹤段	K128+000	K156+353	28.353	19	94 版规范	路侧、中分带护栏提升	6805
9	G1516 盐洛高速郑州至洛阳段	K831+500	K855+595	24.095	18	94 版规范	路侧、中分带护栏提升	5301
10	G4 京港澳高速郑州至漯河段	K690+400	K691+000	0.600	13	06 版规范	路侧、中分带护栏提升	350
11	G45 大广高速新乡段	K1877+636	K1915+850	38.214	17	94 版规范	路侧护栏提升，中分带护栏修复	4586
12	G40 沪陕高速信南西段	K949+400	K989+403	40.003	17	94 版规范	路侧、中分带护栏提升	9601
13	G45 大广高速息光段	K2186+805	K2252+718	65.913	16	中分带94版、路侧17版规范	中分带护栏耐久性修复	2637
14	S22 南林高速安阳至南乐段	K35+000	K45+979	10.979	15	94 版规范	路侧护栏提升，中分带护栏修复	1387

续表 4-17

序号	路段基本情况				通车年限	现护栏参照标准	改造位置及类型	费用估算（万元）
	路段名称	起点桩号	终点桩号	养护里程（公里）				
15	S22 南林高速安阳至南乐段	K45+979	K97+522	51.543	15	94 版规范	路侧护栏提升，中分带护栏修复	3093
16	S26 台辉高速濮鹤段	K99+340	K128+000	28.660	19	94 版规范	路侧、中分带护栏提升	6878
17	S38 新阳高速新蔡至泌阳段	K108+000	K172+210	64.210	16	94 版规范	路侧、中分带护栏提升	14126
18	G1516 盐洛高速禹州至登封段	K746+258	K794+638	48.380	16	94 版规范	路侧、中分带护栏提升	10644
19	G35 济广高速商丘段	K343+000	K400+449	57.449	18	94 版规范	路侧、中分带护栏提升	12639
20	S81 商南高速商丘段二期	K1+009	K28+000	26.991	12	94 版规范	路侧、中分带护栏提升	5938
21	G55 二广高速分水岭至南阳段	K1285+249	K1359+548	74.299	15	94 版规范	路侧、中分带护栏提升	17832

续表 4-17

序号	路段基本情况				通车年限	现护栏参照标准	改造位置及类型	费用估算（万元）
	路段名称	起点桩号	终点桩号	养护里程（公里）				
22	S38 新阳高速新蔡至泌阳段	K26+130	K108+000	81.870	16	94 版规范	路侧、中分带护栏提升	18011
23	G1516 盐洛高速许昌至扶沟段	K651+659	K679+489	27.830	16	94 版规范	路侧、中分带护栏提升	6123
24	S81 商南高速南阳北绕城	K365+557	K389+804	24.247	14	94 版规范	路侧、中分带护栏提升	5334

根据交安养护类型决策及养护对策选择结果,2024—2026 年交安养护规划投资共计约 18.21 亿元,其中护栏提升改造及修复养护共计约 17.58 亿元,交安设施精细化提升共计约 0.62 亿元。

4.5　路基高边坡养护类型决策

4.5.1　决策原则及模型

路基高边坡养护类型决策原则见表 4-18,模型如图 4-4 所示。

表 4-18　路基高边坡养护类型决策原则

序号	类型	规划原则
1	修复养护	欠稳定高边坡
2	监测预警	基本稳定高边坡

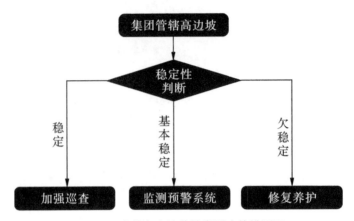

图 4-4　路基高边坡养护类型决策模型图

4.5.2　决策结果

根据路基高边坡养护类型决策模型,决策结果见表4-19。

表 4-19　路基高边坡养护类型决策及对策

序号	养护对策方案	养护类型决策模型
1	修复养护	30 处基本稳定边坡
2	增设监测预警系统	57 处欠稳定边坡

第 5 章

路网养护需求排序

5.1 养护需求的优先排序问题

高速公路路网级养护管理的优先排序问题与前面的养护类型及养护对策决策问题有很多相似之处。在路面养护管理的实际工作中，往往受到养护资金、区域分布、养护管理、特殊工艺规模等条件的限制，不可能满足所有的养护需求，需要按照一定标准对各规划单位的养护迫切性和重要程度进行排序，为养护决策方案的制定提供依据，以保证养护管理工作和养护专项实施的合理性、均衡性、计划性和协调性。

加权求和法是一种常见的计算排序方法，它可以将不同因素的重要性进行加权处理，从而得出一个综合评价结果。加权求和法的基本思想是将各个因素的得分乘以相应的权重，然后将所有得分相加，得到一个综合得分。这个综合得分可以反映各个因素的重要性和贡献度，从而做出更加准确的决策。加权求和法进行优先级排序的具体步骤如下：

（1）确定评价因素：首先确定需要评价的影响因素。

（2）确定权重：对于每个评价因素，需要确定其相应的权重。权重可以根据各个影响因素的重要性、贡献度、可控性等因素进行权重分配，并可根据实际情况进行动态调整。

（3）评价评分：对于每个评价因素，需要进行评分。评分可以根据实际情况进行确定。

（4）加权求和：将每个评价因素的得分乘以相应的权重，然后将所有得分相加得到一个综合得分。

（5）排序：根据综合得分进行优先级排序，确定最终结果。

本次将加权求和法应用于路网级养护管理排序问题，对"路段重要性、运营年限、交通量、技术状况、养护历史"进行定量分析，统一量纲，并确定各因素权重，建立养护需求排序模型，对各因素进行加权求和、排序，确定路网中各规划单元的养护优先顺序。

5.2　路面养护需求排序

5.2.1　养护需求排序模型

高速公路养护管理的评价因素主要包括路面使用性能指标、交通量、路龄、道路在路网中的地位作用和其他因素等 5 个方面,其中路面使用性能有 RQI、PSSI、PCI、SRI 等 4 项指标,各项影响因素的排序规则见表 5-1。

表 5-1　高速公路路面养护管理的排序规则

序号	影响因素		排序权重	排序规则
1	路面使用性能	RQI	ω_{11}	按照线路各路段路况均值排序,值小者排序靠前
		PSSI	ω_{12}	
		PCI	ω_{13}	
		SRI	ω_{14}	
2	交通量		ω_2	按照日均交通量大小排序,值大者排序靠前
3	路龄(年)		ω_3	按照通车时间长短排序,值大者排序靠前
4	道路在路网中的地位作用		ω_4	综合考虑各种相关因素后排序
5	其他因素		ω_5	迎国检、应急抢险等

根据高速公路路面养护管理的排序规则,结合集团路网实际情况,本次养护规划加权求和排序法的主要影响因素为路段性质、运营年限、交通量、技术状况以及其他因素等 5 个因素,养护历史根据实际情况据实动态调整,根据各个影响因素的重要性、贡献度、可控性等因素进行权重分配,权重、评分规则和排序规则见表 5-2。

表 5-2　养护规划影响因素加权求和规则

序号	评价因素	排序规则
1	路段性质	综合考虑各种相关因素,值大者排序靠前
2	运营年限(年)	按照通车时间长短,值大者排序靠前
3	交通量(pcu/d)	按照单车道年平均日当量交通量,值大者排序靠前
4	路面技术状况 PQI	按照 2022 年省检数据

续表5-2

序号	评价因素	排序规则
5	其他因素	根据其他因素影响程度评分,值大者排序靠前 其余技术状况指标,如SRI 附属设施状况,如交安、桥梁等

注:①路面技术状况主要考虑破损状况PCI,其余技术指标如平整度RQI、车辙RDI作为辅助指标;
②其他因素主要包括其余技术状况指标如RQI、SRI等和其他附属设施状况如交安、桥梁等。

路网需求排序在4.2.3养护类型决策模型和养护类型决策值 LX（养护类型系数）= $ZY×NX×JT$ 的基础上（已经考虑路段性质、运营年限、交通量3个影响因素）,增加路面技术状况PQI影响因素,引入路面技术状况系数 ZK（表5-3）:

表5-3　路面技术状况系数分类

影响因素	具体分类	路面技术状况系数 ZK
路面技术状况PQI	PQI<80	1.4
	80≤PQI<85	1.2
	85≤PQI<90	1.0
	90≤PQI<92	0.8
	92≤PQI<95	0.6

根据加权求和排序法的计算原理和步骤,建立路面养护优先级排序模型,各单元的排序结果可以通过式(5-1)计算:

$$YX = LX \times ZK \tag{5-1}$$

式中: YX ——养护优先值;

LX ——养护类型决策值（养护类型系数）= $ZY×NX×JT$, ZY 为重要性系数（表示路段重要性类别）, NX 为运营年限系数（表示运营年限）, JT 为交通量系数（表示单车道当量交通量）;

ZK ——路面技术状况系数（表示PQI）。

5.2.2　养护需求排序结果

根据路面养护规划需求排序模型,分别得到各养护规划单元的综合得分,根据综合得分大小进行优先级排序。同一种养护类型条件下,按照2024—2026年三年养护投资估算均衡的原则,进行养护实施计划分配,确定养护项目实施顺序和计划,形成2024—2026年养护专项工程项目库,具体详见表5-4。

表 5-4　路面养护规划单元养护需求优先级排序结果（2024—2026 年）

养护单元编号	路段名称	起点桩号	终点桩号	养护口径里程（公里）	养护规划单元		养护类型决策	养护对策选择	投资估算（万元）	养护需求优先级排序模型			
					养护幅别	养护规模（车道公里）				影响因素 路面PQI	影响系数 技术状况系数 ZK	养护优先值 YX	拟定实施计划
1	G4 京港澳高速安阳段	K484+358	K531+612	47.254	全幅	378	提升改造	加铺罩面 SMA+护栏提升+桥涵维修	33137	93.32	0.6	0.518	2025 年
2	G4 京港澳高速鹤壁段	K531+612	K568+960	37.348	全幅	299	提升改造	加铺罩面 SMA+护栏提升+桥涵维修	27569	93.69	0.6	0.518	2025 年
3	G4 京港澳高速新乡段	K568+960	K597+526	28.566	全幅	229	提升改造	加铺罩面 SMA+护栏提升+桥涵维修	24262	92.79	0.6	0.648	2024 年
4	G4 京港澳高速郑州段	K651+643	K667+642	15.999	全幅	128	提升改造	加铺罩面 SMA+桥涵维修	8999	93.36	0.6	0.720	2024 年
5	G4 京港澳高速驻信段	K873+306	K931+610	58.304	上行全车道	233	预防养护	低噪微表处+抗滑复合封层	6122	91.41	0.8	0.614	2024 年
6	G4 京港澳高速驻信段	K954+200	K1007+338	53.138	下行全车道	213	预防养护	低噪微表处+抗滑复合封层	6642	92.42	0.6	0.403	2024 年
7	G4 京港澳高速驻信段	K931+610	K1007+338	75.728	上行全车道	303	预防养护	低噪微表处+抗滑复合封层	7951	92.56	0.6	0.403	2024 年

续表5-4

养护单元编号	路段名称	起点桩号	终点桩号	养护口径里程(公里)	养护规划单元		养护类型决策	养护对策选择	投资估算(万元)	养护需求优先级排序模型			
					养护幅别	养护规模(车道公里)				影响因素 路面PQI	影响系数 技术状况系数ZK	养护优先级值YX	拟定实施计划
8	G30连霍高速商丘西段	K360+960	K405+000	44.040	全幅	352	提升改造	加铺罩面 护栏提升 桥涵维修	31639	90.26	0.8	0.538	2024年
9	G30连霍高速商丘西段	K405+000	K435+000	30.000	全幅	240	提升改造	加铺罩面 护栏提升 桥涵维修	21553	90.53	0.8	0.538	2025年
10	G30连霍高速商丘西段	K435+000	K467+610	32.610	全幅	261	提升改造	加铺罩面 护栏提升 桥涵维修	23428	91.98	0.8	0.538	2025年
11	G30连霍高速开封段	K467+610	K528+100	60.490	全幅	484	提升改造	加铺罩面 护栏提升 桥涵维修	38032	87.31	1.0	0.768	2024年
12	G30连霍高速郑州段	K600+200	K650+000	49.800	下行半幅	199	提升改造	加铺罩面 护栏提升 桥涵维修	20051	94.13	0.6	0.518	2025年
13	G30连霍高速洛阳段	K705+910	K734+700	28.790	全幅	46	修复养护	铣刨重铺	1603	93.57	0.6	0.461	2024年

续表5-4

养护单元编号	路段名称	养护口径里程（公里）			养护规划单元					养护需求优先级排序模型			
		起点桩号	终点桩号	里程（公里）	养护幅别	养护规模（车道公里）	养护类型决策	养护对策选择	投资估算（万元）	影响因素 路面PQI	影响系数 技术状况系数ZK	养护优先值YX	拟定实施计划
14	G30 连霍高速洛阳段	K734+700	K748+216	13.516	全幅	32	修复养护	铣刨重铺	1129	94.07	0.6	0.461	2024 年
15	G30 连霍高速三门峡段	K754+000	K803+000	49.000	上行半幅	118	修复养护	铣刨重铺+精表处	4961	94.17	0.6	0.403	2024 年
16	G30 连霍高速三门峡段	K858+000	K901+030	43.030	上行半幅	103	修复养护	铣刨重铺+精表处	4357	93.29	0.6	0.403	2024 年
17	G30 连霍高速三门峡段	K860+000	K901+030	41.030	下行半幅	115	修复养护	铣刨重铺+精表处	4847	92.53	0.6	0.403	2024 年
18	G45 大广高速省界段	K1762+000	K1776+154	14.154	全幅	85	提升改造	加铺罩面 护栏提升 桥涵维修	8157	94.13	0.6	0.432	2025 年
19	G45 大广高速安阳滑县段	K1835+593	K1858+000	22.407	全幅	90	提升改造	加铺罩面 护栏提升 桥涵维修	15394	92.22	0.6	0.480	2025 年
20	G45 大广高速开通段	K1929+660	K1993+888	64.228	全幅	257	提升改造	加铺罩面 桥涵维修	16902	92.86	0.6	0.420	2026 年
22	G45 大广高速扶沟至项城段	K1993+888	K2050+000	56.112	全幅	224	提升改造	加铺罩面 桥涵维修	17720	93.16	0.6	0.420	2026 年

续表 5-4

养护单元编号	路段名称	起点桩号	终点桩号	养护口径里程(公里)	养护规划单元		养护类型决策	养护对策选择	投资估算(万元)	养护需求优先级排序模型			
					养护幅别	养护规模(车道公里)				影响因素 路面PQI	影响系数 技术状况系数ZK	养护优先值YX	拟定实施计划
22	G45 大广高速扶沟至项城段	K2050+000	K2134+678	84.678	全幅	339	提升改造	加铺罩面 桥涵维修	26740	93.22	0.6	0.420	2026年
23	G40 沪陕高速叶信西段	K900+000	K949+400	49.400	全幅	198	提升改造	加铺罩面 护栏提升 桥涵维修	28109	91.15	0.8	0.560	2024年
24	G40 沪陕高速信南西段	K1000+132	K1076+642	76.510	上行半幅	115	修复养护	铣刨重铺	8248	91.82	0.8	0.480	2024年
25	G40 沪陕高速南阳至西坪段	K1156+831	K1189+767	32.936	上行半幅	115	提升改造	加铺罩面 护栏提升 桥涵维修	8249	91.82	0.8	0.480	2024年
26	G3511 菏宝高速济源至郭原段	K294+472	K354+243	59.771	全幅	198	提升改造	加铺罩面 护栏提升 桥涵维修	17681	94.46	0.6	0.420	2026年
27	G3001 郑州西南绕城高速	K32+800	K51+558	18.758	上行半幅	120	提升改造	加铺罩面 护栏提升 桥涵维修	8674	91.51	0.8	0.560	2024年
28	G36 宁洛高速洛阳西南绕城段	K719+324	K755+368	36.044	全幅	113	提升改造	加铺罩面 护栏提升 桥涵维修	7829	93.58	0.6	0.420	2026年

续表5-4

养护单元编号	路段名称	起点桩号	终点桩号	养护口径里程（公里）	养护幅别	养护规模（车道公里）	养护类型决策	养护对策选择	投资估算（万元）	影响因素 路面PQI	影响系数 技术状况系数ZK	养护优先值YX	拟定实施计划
										养护需求优先级排序模型			
29	G5512 晋新高速新庄至原阳段	K105+956	K118+716	12.760	全幅	144	提升改造	加铺罩面+护栏提升+桥涵维修	21911	90.62	0.8	0.640	2024年
30	G35 济广高速商丘段	K343+000	K400+449	57.449	上行半幅	115	修复养护	热再生+铣刨重铺	4309	92.46	0.6	0.378	2025年
31	G35 济广高速商丘段	K343+000	K400+449	57.449	下行半幅	115	修复养护	热再生+铣刨重铺	4309	92.91	0.6	0.378	2025年
32	G55 二广高速汝鑫段	K1194+804	K1221+584	26.780	全幅	107	预防养护	低噪微表处	1269	92.59	0.6	0.270	2025年
33	G55 二广高速分水岭至南阳段	K1285+249	K1359+548	74.299	上行半幅	133	修复养护	铣刨重铺	5234	92.29	0.6	0.270	2026年
34	G55 二广高速分水岭至南阳段	K1285+249	K1359+548	74.299	下行半幅	93	修复养护	铣刨重铺	3655	90.98	0.8	0.360	2025年
35	G1516 盐洛高速禹州至登封段	K746+258	K794+638	48.380	上行第2车道	48	修复养护	铣刨重铺	2101	95.15	0.0	0.000	2026年

续表 5-4

养护单元编号	路段名称	起点桩号	终点桩号	养护里程（公里）	养护幅别	养护规模（车道公里）	养护类型决策	养护对策选择	投资估算（万元）	路面 PQI	技术状况系数 ZK	影响系数	养护优先值 YX	拟定实施计划
36	G1516 盐洛高速禹州至登封段	K746+258	K794+638	48.380	下行第2车道	48	修复养护	铣刨重铺	2101	93.42	0.6		0.324	2025 年
37	G1516 盐洛高速少林寺至郑州段	K796+834	K831+500	34.666	全幅	115	修复养护	铣刨重铺	4826	91.95	0.8		0.504	2024 年
38	G1516 盐洛高速郑州至洛阳段	K831+500	K855+595	24.095	全幅	96	修复养护	铣刨重铺	4185	92.70	0.6		0.324	2025 年
39	G0421 许广高速舞钢至桐柏段	K102+105	K199+663	97.558	上、下行第2车道	117	修复养护	铣刨重铺	6707	93.38	0.6		0.378	2025 年
40	G107 复线郑新黄河大桥	K686+000	K709+108	23.108	全幅	10	修复养护	铣刨重铺	434	92.88	0.6		0.292	2026 年
41	G107 复线郑新黄河大桥	K686+000	K709+108	23.108	全幅	139	预防养护	薄层罩面	3723	92.88	0.6		0.292	2025 年
42	G59 呼北高速灵宝至卢氏段	K877+000	K957+881	80.881	全幅	78	预防养护	抗滑复合封层	1553	93.63	0.6		0.216	2026 年

续表 5-4

养护单元编号	养护规划单元									养护需求优先级排序模型				
	路段名称	起点桩号	终点桩号	养护口径里程（公里）	养护幅别	养护规模（车道公里）	养护类型决策	养护对策选择	投资估算（万元）	影响因素		影响系数 ZK	养护优先值 YX	拟定实施计划
										路面 PQI	技术状况系数 ZK			
43	G59 呼北高速卢氏至西坪段	K957+881	K1007+029	49.148	上行半幅	82	预防养护	低噪微表处	1224	94.40		0.6	0.216	2026 年
44	G59 呼北高速卢氏至西坪段	K957+881	K1007+029	49.148	下行半幅	82	预防养护	低噪微表处	1224	94.06		0.6	0.216	2026 年
45	G59 呼北高速卢氏至寺湾段	K1007+029	K1079+625	72.596	上行半幅	145	预防养护	低噪微表处	2042	94.86		0.6	0.216	2026 年
46	G59 呼北高速卢氏至寺湾段	K1007+029	K1079+625	72.596	下行半幅	145	预防养护	低噪微表处	2042	94.82		0.6	0.216	2026 年
47	G56 杭瑞高速岳阳至常德段	K833+500	K919+000	85.500	全幅	86	修复养护	铣刨重铺	3038	92.74		0.6	0.302	2026 年
48	G56 杭瑞高速岳阳至常德段	K930+000	K974+530	44.530	全幅	89	修复养护	铣刨重铺	3164	92.74		0.6	0.302	2026 年
49	G56 杭瑞高速岳阳至常德段	K833+500	K930+000	96.500	全幅	97	修复养护	铣刨重铺	3428	92.74		0.6	0.302	2026 年
50	S49 焦唐高速巩登段	K49+300	K64+000	14.700	全幅	35	修复养护	铣刨重铺	1617	92.05		0.6	0.192	2026 年
51	S49 焦唐高速巩登段	K64+000	K79+000	15.000	全幅	36	修复养护	铣刨重铺	1650	92.05		0.6	0.192	2026 年

续表5-4

养护单元编号	路段名称	起点桩号	终点桩号	养护里程（公里）	养护规划单元			养护对策选择	投资估算（万元）	养护需求优先级排序模型			
					养护幅别	养护规模（车道公里）	养护类型决策			影响因素 路面PQI	影响系数 技术状况ZK系数	养护优先值YX	拟定实施计划
52	S49 焦唐高速巩登段	K79+000	K92+567	13.567	全幅	33	修复养护	铣刨重铺	1492	92.05	0.6	0.192	2026年
53	S25 安罗高速一期	K45+102	K76+892	31.790	全幅	127	预防养护	精表处	1907	93.13	0.6	0.230	2025年
54	S25 安罗高速一期	K76+892	K114+000	37.108	全幅	148	预防养护	精表处	2226	93.97	0.6	0.230	2025年
55	S25 安罗高速一期	K114+000	K151+404	37.404	全幅	150	预防养护	精表处	2244	93.60	0.6	0.230	2026年
56	S92 洛卢高速洛阳至洛宁段	K0+000	K68+707	68.707	全幅	69	修复养护	铣刨重铺	3031	92.08	0.6	0.192	2026年
57	S92 洛卢高速洛宁至卢氏段	K97+613	K123+895	26.282	全幅	26	修复养护	铣刨重铺	1232	93.05	0.6	0.192	2026年
58	S96 洛栾高速洛阳至嵩县段	K0+000	K62+690	62.690	全幅	63	修复养护	铣刨重铺	2939	93.36	0.6	0.192	2026年
59	S96 洛栾高速嵩县至栾川段	K62+690	K129+228	66.538	全幅	67	修复养护	铣刨重铺	3119	92.34	0.6	0.192	2026年
60	S22 南林高速安阳至南乐段	K45+979	K97+522	51.543	上行半幅	87	修复养护	铣刨重铺	3592	91.85	0.8	0.384	2024年

续表 5-4

养护单元编号	路段名称	起点桩号	终点桩号	养护口径里程（公里）	养护幅别	养护规模（车道公里）	养护类型决策	养护对策选择	投资估算（万元）	影响因素 路面PQI	影响系数 技术状况系数ZK	养护优先值YX	拟定实施计划
61	S22 南林高速安阳至南乐段	K45+979	K97+522	51.543	下行半幅	103	修复养护	铣刨重铺	4252	91.56	0.8	0.384	2024 年
62	S26 台辉高速濮鹤段	K99+340	K128+000	28.660	全幅	115	预防养护	超薄磨耗层	4657	94.64	0.6	0.336	2024 年
63	S26 台辉高速濮鹤段	K128+000	K156+353	28.353	全幅	113	预防养护	超薄磨耗层	4607	94.27	0.6	0.336	2024 年
64	S87 郑云高速武云段	K28+638	K63+737	35.099	上行第1/2车道	70	预防养护	低噪微表处	1316	93.84	0.6	0.202	2026 年
65	S87 郑云高速武云段	K28+638	K63+737	35.099	下行第1/2车道	70	预防养护	低噪微表处	1316	93.84	0.6	0.202	2026 年
66	S22 南林高速安阳至南乐段	K35+000	K45+979	10.979	下行半幅	22	修复养护	铣刨重铺	1006	91.70	0.8	0.384	2025 年
67	S22 南林高速南乐至豫鲁省界段	K1+501	K35+000	33.499	全幅	134	预防养护	精表处	2233	92.47	0.6	0.230	2026 年
68	S49 焦唐高速登封至汝州段	K98+997	K157+674	58.677	全幅	7	修复养护	铣刨重铺	1031	94.39	0.6	0.144	2026 年

续表 5-4

养护单元编号	路段名称	起点桩号	终点桩号	养护口径里程（公里）	养护幅别	养护规模（车道公里）	养护类型决策	养护对策选择	投资估算（万元）	影响因素 路面PQI	影响系数 技术状况系数ZK	养护优先值YX	拟定实施计划
69	S49焦唐高速登封至汝州段	K98+997	K157+674	58.677	全幅	6	修复养护	铣刨重铺	2063	94.39	0.6	0.144	2026年
70	S49焦唐高速登封至汝州段	K98+997	K157+674	58.677	全幅	5	修复养护	铣刨重铺	1719	94.39	0.6	0.144	2026年
71	S92洛卢高速洛宁至卢氏段	K123+895	K137+186	13.291	全幅	47	预防养护	抗滑复合封层	877	90.59	0.8	0.256	2025年
72	S81商南高速南阳北绕城	K365+557	K389+804	24.247	全幅	97	预防养护	低噪微表处	2933	90.31	0.8	0.288	2025年
73	S81商南高速商丘段	K28+000	K58+000	30.000	全幅	120	提升改造	加铺罩面 护栏提升 桥涵维修	14880	93.70	0.6	0.432	2026年
74	S81商南高速商丘段	K58+000	K96+493	38.493	全幅	154	提升改造	加铺罩面 护栏提升 桥涵维修	18355	93.69	0.6	0.432	2026年
75	S81商南高速商丘段二期	K1+009	K28+000	26.991	上、下行第2车道	54	修复养护	铣刨重铺	2344	92.78	0.6	0.259	2026年
76	S62淮内高速淮滨至息县段	K0+000	K49+235	49.235	全幅	197	预防养护	抗裂复合封层+铣刨重铺	4616	93.06	0.6	0.192	2026年

续表 5-4

养护单元编号	路段名称	起点桩号	终点桩号	养护口径里程（公里）	养护幅别	养护规模（车道公里）	养护类型决策	养护对策选择	投资估算（万元）	影响因素 路面PQI	影响系数 技术状况系数ZK	养护优先值YX	拟定实施计划
77	S21 濮商高速淮滨至固始段	K49+235	K82+500	33.265	全幅	133	预防养护	抗裂复合封层+铣刨重铺	3119	91.29	0.8	0.256	2025 年
78	S21 濮商高速淮滨至固始段	K82+500	K115+821	33.321	全幅	133	预防养护	抗裂复合封层+铣刨重铺	3124	89.52	1.0	0.320	2025 年
79	S81 商南高速周口段	K96+493	K134+000	37.507	全幅	150	提升改造	加铺罩面 护栏提升 桥涵维修	16918	93.86	0.6	0.432	2026 年
80	S81 商南高速周口段	K134+000	K164+140	30.140	全幅	121	提升改造	加铺罩面 护栏提升 桥涵维修	13595	93.37	0.6	0.432	2026 年
81	S38 新阳高速新蔡至泌阳段	K26+310	K67+000	40.690	全幅	163	修复养护	热再生+铣刨重铺	5493	91.00	0.8	0.320	2025 年
82	S38 新阳高速新蔡至泌阳段	K67+000	K108+000	41.000	全幅	164	修复养护	热再生+铣刨重铺	6150	90.66	0.8	0.320	2025 年
83	S38 新阳高速新蔡至泌阳段	K108+000	K148+482	40.482	全幅	162	修复养护	热再生+铣刨重铺	6072	90.14	0.8	0.320	2025 年
84	S38 新阳高速化庄至新蔡段	K0+495	K26+310	25.815	全幅	103	修复养护	热再生	3485	89.26	1.0	0.360	2025 年

续表 5-4

养护单元编号	路段名称	起点桩号	终点桩号	养护口径里程（公里）	养护幅别	养护规模（车道公里）	养护类型决策	养护对策选择	投资估算（万元）	影响因素 路面PQI	影响系数 技术状况系数ZK	养护优先值YX	拟定实施计划
85	G4京港澳高速郑州至漯河段	K690+400	K728+400	38.000	全幅	304	提升改造	加铺罩面护栏提升桥涵维修	29100	94.92	0.6	0.518	2025年
86	G4京港澳高速郑州至漯河段	K728+400	K806+123	77.723	上、下行第1车道	93	修复养护	铣刨重铺	4422	94.59	0.6	0.518	2024年
87	G4京港澳高速郑州至漯河段	K728+400	K806+123	77.723	上、下行第1车道	93—	修复养护	铣刨重铺	4422	95.55	0.0	0.000	2024年
88	G4京港澳高速漯河至驻马店段	K806+123	K873+306	67.183	上、下行第3/4车道	82	修复养护	铣刨重铺	3979	96.29	0.0	0.000	2024年
89	G4京港澳高速漯河至驻马店段	K806+123	K873+306	67.183	上、下行第3/4车道	41	修复养护	铣刨重铺	1879	96.29	0.0	0.000	2024年
90	G4京港澳高速漯河至驻马店段	K806+123	K873+306	67.183	上、下行第3/4车道	41	修复养护	铣刨重铺	1879	96.29	0.0	0.000	2024年

续表 5—4

养护单元编号	路段名称	起点桩号	终点桩号	养护口径里程（公里）	养护幅别	养护规模（车道公里）	养护类型决策	养护对策选择	投资估算（万元）	影响因素 路面PQI	影响系数 技术状况系数ZK	养护优先值YX	拟定实施计划
91	S60 商登高速郑尧互通至唐庄互通	K182+509	K223+380	40.871	全幅	5	修复养护	铣刨重铺	1031	94.29	0.6	0.173	2026 年
92	S88 郑栾高速平顶山段	K82+910	K183+479	100.569	全幅	78	修复养护	铣刨重铺	3065	93.94	0.6	0.240	2026 年
93	S88 郑栾高速平顶山段	K82+910	K183+479	100.569	全幅	52	修复养护	铣刨重铺	2141	93.94	0.6	0.240	2026 年
94	S88 郑栾高速平顶山段	K82+910	K183+479	100.569	全幅	43	修复养护	铣刨重铺	1784	93.94	0.6	0.240	2026 年
95	S82 郑民高速郑州段至开封段一期	K0+000	K71+600	71.600	上行半幅	43	修复养护	铣刨重铺	1772	95.02	0.0	0.000	2026 年
96	S82 郑民高速郑州段至开封段一期	K0+000	K71+600	71.600	下行半幅	43	修复养护	铣刨重铺	1772	95.58	0.0	0.000	2026 年
97	S82 郑民高速开民段	K71+600	K119+570	47.970	上、下行第 2 车道	96	预防养护	精表处	1599	92.78	0.6	0.173	2026 年

续表 5-4

养护单元编号	路段名称	起点桩号	终点桩号	养护口径里程（公里）	养护规划单元		养护类型决策	养护对策选择	投资估算（万元）	养护需求优先级排序模型			拟定实施计划
					养护幅别	养护规模（车道公里）				影响因素 路面 PQI	影响系数 技术状况系数 ZK	养护优先值 YX	
98	S60 商登高速商丘段至兰南互通	K0+000	K114+106	114.106	上、下行第 2 车道	65	修复养护	热再生	2566	93.07	0.6	0.192	2026 年
99	S1 机场高速	K0+000	K26+532	26.532	互通匝道	10	修复养护	铣刨重铺	750	94.54	0.6	0.259	2026 年
100	S1 机场高速	K0+000	K26+532	26.532	全幅	212	预防养护	超薄磨耗层	8779	94.54	0.6	0.259	2025 年
101	S60 商登高速兰南互通至航空港区	K114+106	K145+496	31.390	上、下行第 2 车道	63	预防养护	低噪微表处	1030	93.19	0.6	0.230	2026 年
102	S60 商登高速航空港区至郑尧互通	K161+496	K182+509	21.013	上、下行第 2 车道	42	预防养护	低噪微表处	689	94.10	0.6	0.173	2026 年

5.3　桥涵隧养护需求排序

对于 3 类桥梁当年度进行处治,早期建设安全系数桥梁数量较少拟于 2024 年集中处理,本次规划主要针对重点桥隧的预防养护项目进行排序,排序方法采用与路面养护规划一致的加权求和排序法。

桥隧养护规划影响因素主要包括桥隧技术状况、交通量、路龄和道路在路网中的地位作用、其他因素等 5 个方面,各项影响因素的排序规则见表 5-5。

表 5-5　高速公路桥隧养护管理的排序规则

序号	影响因素	排序权重	排序规则
1	桥隧技术状况	ω_1	按最近一次检测情况,值小者排序靠前
2	交通量	ω_2	按断面交通量大小排序,值大者排序靠前
3	路龄(年)	ω_3	按通车时间长短排序,值大者排序靠前
4	道路在路网中地位作用	ω_4	综合考虑各种相关因素后排序
5	其他因素	ω_5	迎国检、应急抢险等

5.3.1　养护需求排序模型

根据高速公路桥隧养护管理的排序规则,结合集团路网实际情况,本次养护规划加权求和排序法的主要影响因素为路段性质、运营年限、交通量、技术状况 4 个因素,养护历史根据实际情况据实动态调整,根据各个影响因素的重要性、贡献度、可控性等因素进行权重分配,权重、评分规则和排序规则具体见表 5-6。

表 5-6　养护规划影响因素加权求和规则

序号	评价因素	权重	评分规则	排序规则
1	路段性质	W_1	①重点国道评分为 100 ②其他国道评分为 80 ③一般省道评分为 60	综合考虑各种相关因素,值大者排序靠前

续表 5-6

序号	评价因素	权重	评分规则	排序规则
2	运营年限（年/t）	W_2	①年限为 10 年时,评分为 0 ②年限为最大年时,评分为 100	按照通车时间长短,值大者排序靠前
3	交通量（pcu/d）	W_3	①交通量为最小时,评分为 0 ②交通量为最大值时,评分为 100	按照单车道年平均日当量交通量,值大者排序靠前
4	技术状况 PCI	W_4	①技术状况最小时,评分为 100 ②技术状况最小时,评分为 0	按照最新桥检报告

根据加权求和排序法的计算原理和步骤,各路段综合得分可以通过式计算:

$$S_i = w_1 N_i + W_2 T_i + W_3 P_i + W_4 I_i \qquad (5-2)$$

式中 W_1、W_2、W_3、W_4——各评价因素的相应权重,其中 $W_1 = 0.2$,$W_2 = 0.25$,$W_3 = 0.2$,$W_4 = 0.35$;

S——综合得分;

N_i——路段性质评分;

T_i——运营年限评分;

P_i——交通量评分;

I_i——桥隧技术状况评分。

5.3.2 养护需求排序结果

根据桥隧养护需求排序模型,各规划单元的排序结果见表 5-7、表 5-8。

表 5-7 特大桥桥梁预防养护排序一览表

序号	隧道名称	所在路段	交通量得分	通车年限得分	路段重要性得分	技术状况得分	综合得分
1	许沟特大桥右 1	连霍高速	99.7	100.0	100.0	93.2	97.57
2	枣乡河特大桥（下行）	连霍高速	73.2	100.0	100.0	96.65	93.48
3	阳平河特大桥（下行）	连霍高速	73.2	100.0	100.0	93.45	92.36
4	枣乡河特大桥（下行）	连霍高速	73.2	100.0	100.0	93.45	92.36
5	阳平河特大桥（下行）	连霍高速	73.2	100.0	100.0	91.1	91.53
6	函谷关特大桥（下行）	连霍高速	73.2	100.0	100.0	80.6	87.86
7	函谷关特大桥（下行）	连霍高速	73.2	100.0	100.0	76.4	86.39
8	许沟特大桥右 2	连霍高速	99.7	100.0	100.0	58.45	85.41
9	潘庄高架桥-下行	二广高速	57.2	91.7	80.0	99.5	85.17

续表 5-7

序号	隧道名称	所在路段	交通量得分	通车年限得分	路段重要性得分	技术状况得分	综合得分
10	洛阳黄河特大桥-上行	二广高速	57.2	91.7	80.0	99	85.00
11	潘庄高架桥-上行	二广高速	57.2	91.7	80.0	99	85.00
12	洛阳黄河特大桥-下行	二广高速	57.2	91.7	80.0	98.5	84.82
13	水磨湾特大桥-上行	盐洛高速	56.5	80.5	80.0	90.5	82.75
14	水磨湾特大桥-下行	盐洛高速	56.5	80.5	80.0	90.5	82.75
15	王化沟大桥-上行	盐洛高速	56.5	80.5	80.0	88.5	81.52
16	王化沟大桥-下行	盐洛高速	56.5	80.5	80.0	88.5	81.52
17	贺家冲大桥-上行	沪陕高速	34.5	91.7	100.0	80.2	80.35
18	贺家冲大桥-下行	沪陕高速	34.5	91.7	100.0	80.2	80.35
19	沁河特大桥-下行	菏宝高速	55.8	83.3	80.0	90.75	79.76
20	沁河特大桥-上行	菏宝高速	55.8	83.3	80.0	80.85	76.30
21	卫共行洪区特大桥-上行	菏宝高速	53.9	66.7	80.0	88.95	74.58
22	卫共行洪区特大桥-下行	菏宝高速	53.9	66.7	80.0	82.35	72.27
23	共产主义渠特大桥-上行	台辉高速	31.7	75.0	60.0	98	71.39
24	焦枝铁路高架桥-下行	沪陕高速	40.3	50.0	100.0	85	70.32
25	焦枝铁路高架桥-上行	沪陕高速	40.3	50.0	100.0	85	70.32
26	淮河特大桥-上行	大广高速	28.5	58.3	100.0	85	70.03
27	京共特大桥-下行	菏宝高速	53.9	66.7	80.0	75	69.69
28	共产主义渠特大桥-下行	台辉高速	31.7	75.0	60.0	93	69.64
29	淮河特大桥-下行	大广高速	28.5	58.3	100.0	80	68.28
30	苏店河特大桥-上行	沪陕高速	34.5	66.7	100.0	66.3	66.77
31	苏店河特大桥-下行	沪陕高速	34.5	66.7	100.0	64.3	66.07
32	京共特大桥-上行	菏宝高速	53.9	66.7	80.0	61.15	64.85
33	白河特大桥-上行	商南高速	7.4	50.0	60.0	94.7	59.13
34	宿鸭湖特大桥（下行）	新阳高速	16.5	50.0	60.0	85	57.55
35	宿鸭湖特大桥（上行）	新阳高速	16.5	50.0	60.0	80	55.80
36	跨焦枝铁路特大桥-上行	商南高速	7.4	50.0	60.0	80.2	54.06
37	白露河特大桥-下行	濮商高速	6.3	25.0	60.0	98.5	53.98
38	跨焦枝铁路特大桥-下行	商南高速	7.4	50.0	60.0	78.1	53.32
39	淮河特大桥-上行	濮商高速	6.3	25.0	60.0	94.35	52.53

续表5-7

序号	隧道名称	所在路段	交通量得分	通车年限得分	路段重要性得分	技术状况得分	综合得分
40	白河特大桥-下行	商南高速	7.4	50.0	60.0	74.1	51.92
41	西泗河特大桥	焦唐高速	8.1	25.0	60.0	91.55	51.92
42	白露河特大桥-上行	濮商高速	6.3	25.0	60.0	91	51.35
43	淮河特大桥-下行	濮商高速	6.3	25.0	60.0	86.8	49.88
44	洛河特大桥-下行	洛卢高速	13.0	8.3	60.0	94	49.59
45	大铁沟特大桥-下行	洛卢高速	13.0	8.3	60.0	94	49.59
46	后寺河特大桥	焦唐高速	8.1	25.0	60.0	83.6	49.14
47	洛河特大桥-上行	洛卢高速	13.0	8.3	60.0	89.5	48.02
48	小铁沟特大桥-下行	洛卢高速	13.0	8.3	60.0	87	47.14
49	后寺河特大桥	焦唐高速	8.1	25.0	60.0	75.3	46.23
50	西泗河特大桥	焦唐高速	8.1	25.0	60.0	74.7	46.02
51	栗子坪伊河特大桥-上行	洛栾高速	13.0	8.3	60.0	78	43.99
52	甘堂河特大桥-上行	洛卢高速	13.0	8.3	60.0	69.1	40.88
53	甘堂河特大桥-下行	洛卢高速	13.0	8.3	60.0	68.55	40.69
54	栗子坪伊河特大桥-下行	洛栾高速	13.0	8.3	60.0	67.5	40.32
55	小铁沟特大桥-上行	洛卢高速	13.0	8.3	60.0	67	40.14
56	大铁沟特大桥-上行	洛卢高速	13.0	8.3	60.0	62	38.39

表5-8　特长、长隧道预防养护排序一览表

序号	隧道名称	所在路段	交通量得分	通车年限得分	路段重要性得分	技术状况得分	综合得分
1	上台隧道右幅	G55	99.3	100.0	80	45	76.60
2	上台隧道左幅	G55	99.3	100.0	80	45	76.60
3	崤山隧道-上行	G59	21.6	60.0	80	100	70.32
4	崤山隧道-下行	G59	21.6	60.0	80	85	65.07
5	毛峪隧道-下行	G59	21.6	60.0	80	78.75	62.89
6	瓦庙岭隧道-下行	G59	21.6	60.0	80	78.75	62.89
7	岭南隧道-下行	G59	21.6	60.0	80	62.5	57.20
8	熊耳山隧道-下行	G59	21.6	20.0	80	85	55.07
9	张马垭隧道上行	G59	12.3	20.0	80	90	54.96

续表 5-8

序号	隧道名称	所在路段	交通量得分	通车年限得分	路段重要性得分	技术状况得分	综合得分
10	张马垭隧道下行	G59	12.3	20.0	80	90	54.96
11	瓦庙岭隧道-上行	G59	21.6	60.0	80	53.75	54.14
12	刘家凹隧道-下行	G59	21.6	60.0	80	53.75	54.14
13	毛公山隧道下行	G59	12.3	20.0	80	85	53.21
14	九龙山隧道-上行	G59	21.6	20.0	80	78.75	52.89
15	西簧隧道下行	G59	12.3	20.0	80	80	51.46
16	毛峪隧道-上行	G59	21.6	60.0	80	41.25	49.76
17	捷道沟 2 号隧道上行	G59	12.3	20.0	80	75	49.71
18	后塘沟隧道上行	G59	12.3	20.0	80	75	49.71
19	前湾隧道下行	G59	12.3	20.0	80	75	49.71
20	周家咀隧道-上行	G59	21.6	60.0	80	41	49.67
21	毛公山隧道上行	G59	12.3	20.0	80	70	47.96
22	前湾隧道上行	G59	12.3	20.0	80	70	47.96
23	西簧隧道上行	G59	12.3	20.0	80	70	47.96
24	刘家凹隧道-上行	G59	21.6	60.0	80	35	47.57
25	九龙山隧道-下行	G59	21.6	20.0	80	60	46.32
26	熊耳山隧道-上行	G59	21.6	20.0	80	53.75	44.14
27	捷道沟 2 号隧道下行	G59	12.3	20.0	80	55	42.71
28	北庄隧道下行	S49	16.4	20.0	60	62.5	42.16
29	北庄隧道上行	S49	12.3	20.0	60	63.5	41.68
30	石嘴隧道下行	S49	16.4	20.0	60	60	41.29
31	石嘴隧道上行	S49	16.4	20.0	60	56.25	39.98
32	横涧隧道-下行	G59	21.6	20.0	80	35	37.57
33	狮子坪 1 号隧道上行	S96	26.4	20.0	60	32.5	33.65
34	狮子坪 1 号隧道下行	S96	26.4	20.0	60	32.5	33.65
35	横涧隧道-上行	G59	21.6	20.0	80	21.25	32.76

5.4 交安养护需求排序

5.4.1 养护需求排序因素

针对纳入综合提升改造路段内交安改造需求路段,按照路面规划统一排序,本次不再单独计列。交安养护需求排序方法采用与路面规划一致的加权求和排序法。

交安养护规划影响因素主要包括路龄、护栏技术状况(设计标准和现状)、交通量、交通事故数量、近年是否有扩容改造(改扩建)计划等 5 个方面,各项影响因素的排序规则见表 5-9。

表 5-9 高速公路交安养护管理的排序规则

序号	影响因素	排序规则
1	路龄(年)	按通车时间长短排序,值大者排序靠前
2	护栏技术状况(设计标准和现状使用能力)	按护栏整体评价,"差"排序靠前
3	交通量	按断面交通量大小排序,值大者排序靠前
4	交通事故数量	考虑交通事故数量及严重程度

5.4.2 养护需求排序结果

根据交安养护需求排序模型,综合提升改造范围外各规划单元的排序结果见表 5-10。

表 5-10 交安(护栏)养护规划排序结果

序号	路段名称	路段类别	起点桩号	终点桩号	养护里程(公里)	通车年限	综合得分
1	G55 二广高速济源至洛阳段	其他国道	K1123+755	K1139+000	15.245	18	
2	G40 沪陕高速信南西段	重点路段	K989+403	K1038+000	48.597	17	
3	G40 沪陕高速信南西段	重点路段	K1088+200	K1132+304	44.104	17	

续表 5-10

序号	路段名称	路段类别	起点桩号	终点桩号	养护里程（公里）	通车年限	综合得分
4	S1 机场高速	重点路段	K0+000	K26+532	26.532	7	
5	G1516 盐洛高速少林寺至郑州段	其他国道	K796+834	K831+500	34.666	18	
6	G55 二广高速济源至洛阳段	其他国道	K1102+555	K1123+755	21.200	18	
7	S22 南林高速安阳至南乐段	路况较差省道	K45+979	K97+522	51.543	15	
8	S26 台辉高速濮鹤段	其他省道	K128+000	K156+353	28.353	19	
9	G1516 盐洛高速郑州至洛阳段	其他国道	K831+500	K855+595	24.095	18	
10	G4 京港澳高速郑州至漯河段	重点路段	K690+400	K691+000	0.600	13	
11	G45 大广高速新乡段	重点路段	K1877+636	K1915+850	38.214	17	
12	G40 沪陕高速信南西段	重点路段	K949+400	K989+403	40.003	17	
13	G45 大广高速息光段	重点路段	K2186+805	K2252+718	65.913	16	
14	S22 南林高速安阳至南乐段	路况较差省道	K35+000	K45+979	10.979	15	
15	S22 南林高速安阳至南乐段	路况较差省道	K45+979	K97+522	51.543	15	
16	S26 台辉高速濮鹤段	其他省道	K99+340	K128+000	28.660	19	
17	S38 新阳高速新蔡至泌阳段	其他省道	K108+000	K172+210	64.210	16	
18	G1516 盐洛高速禹州至登封段	其他国道	K746+258	K794+638	48.380	16	
19	G35 济广高速商丘段	其他国道	K343+000	K400+449	57.449	18	
20	S81 商南高速商丘段二期	其他省道	K1+009	K28+000	26.991	12	
21	G55 二广高速分水岭至南阳段	其他国道	K1285+249	K1359+548	74.299	15	
22	S38 新阳高速新蔡至泌阳段	其他省道	K26+130	K108+000	81.870	16	
23	G1516 盐洛高速许昌至扶沟段	其他国道	K651+659	K679+489	27.830	16	
24	S81 商南高速南阳北绕城	其他省道	K365+557	K389+804	24.247	14	

第 6 章

路网养护规划分配优化

在第五章养护需求优先级排序结果的基础上，考虑均衡性因素对实施顺序进行二次优化分配。

6.1 动态优化因素

养护规划动态优化的目的是保证集团养护管理工作和养护专项实施的均衡性和协调性，考虑因素主要是地市区域分布、专项管理力量、养护资金投入、养护工艺规模的均衡性。

（1）地市区域布局均衡。按照地市分公司或豫东西南北区域，尽量保证各地市区域的养护投入均衡。

（2）专项管理力量均衡。结合各分公司养护管理能力，每年各分公司的养护专项数量应均衡，不宜集中，避免过多或过少。

（3）养护资金投入均衡。2024—2026年三年养护规划每年的养护规划估算资金应保持均衡，每年32亿~33亿左右。

（4）养护规模均衡。2024—2026年三年养护规划每年的养护对策方案的规模、工程量应保持均衡，尤其是特殊方案工艺。

（5）养护基地。考虑现有养护基地的分布、产能、效益等。

6.2 路面养护规划方案

6.2.1 提升改造规划

主要方案为加铺罩面。根据路段实际情况，除路面工程外，交安、桥涵、路基、绿化等其他专业一并纳入处治范围。2024—2026年处治规模5184车道公里，占比约42.0%；投资估算49.06亿元，占比约66.6%。具体详见表6-1。

6.2.2　**修复养护规划**

主要方案为铣刨重铺和热再生。2024—2026 年处治规模 3699 车道公里,占比约 30.0%;投资估算 16.46 亿元,占比约 22.4%。具体详见表 6-2。

6.2.3　**预防养护规划**

主要方案为表处类和薄层罩面。2024—2026 年处治规模 3473 车道公里,占比约 28.1%;投资估算 8.11 亿元,占比约 11.1%。具体详见表 6-3。

6.2.4　**小结**

在路网养护规划范围及单元划分、养护类型决策及对策选择、养护需求排序及分配的基础上,考虑各因素均衡原则,进一步动态优化调整确定集团 2024—2026 年路面整体养护规划方案,每年处治路段数量、处治规模和估算投资情况具体详见表 6-4,2024—2026 年路面养护规划投资估算约 73.63 亿元,其中中原高速 7.27 亿元。

表 6-1　2024—2026 年路面提升改造养护规划一览表

养护单元编号	运营分公司	路段名称	起点桩号	终点桩号	养护口径里程（公里）	养护规划单元 养护幅别	养护规划单元 养护规模（车道公里）	养护类型决策	养护对策选择	投资估算（万）	实施计划优化调整
1	开封	G30 连霍高速开封段	K467+610	K528+100	60.490	全幅	484	提升改造	加铺罩面 护栏提升 桥涵维修	38032	2024 年
2	新乡	G4 京港澳高速新乡段	K568+960	K597+526	28.566	全幅	229	提升改造	加铺罩面 SMA 护栏提升 桥涵维修	24262	2024 年
3	洛阳	G36 宁洛高速洛阳西南绕城段	K719+324	K755+368	36.044	全幅	144	提升改造	加铺罩面 护栏提升 桥涵维修	21911	2024 年
4	信阳	C40 沪陕高速叶信西段	K900+000	K949+400	49.400	全幅	198	提升改造	加铺罩面 护栏提升 桥涵维修	28109	2024 年
5	商丘	G30 连霍高速商丘西段	K360+960	K405+000	44.040	全幅	352	提升改造	加铺罩面 护栏提升 桥涵维修	31639	2024 年
6	安阳	C45 大广高速安阳滑清县段	K1835+593	K1858+000	22.407	全幅	90	提升改造	加铺罩面 护栏提升 桥涵维修	15394	2024 年
小计：2024 年提升改造							1496			159347	

续表 6-1

养护单元编号	运营分公司	路段名称	起点桩号	终点桩号	养护口径里程（公里）	养护规划单元		养护类型决策	养护对策选择	投资估算（万）	实施计划优化调整
						养护幅别	养护规模（车道公里）				
7	郑州	G4 京港澳高速郑州段	K651+643	K667+642	15.999	全幅	128	提升改造	加铺罩面 SMA 桥涵维修	8999	2025 年
8	商丘	G30 连霍高速商丘西段	K405+000	K435+000	30.000	全幅	240	提升改造	加铺罩面 护栏提升 桥涵维修	21553	2025 年
9	鹤壁	G4 京港澳高速鹤壁段	K531+612	K568+960	37.348	全幅	299	提升改造	加铺罩面 SMA 护栏提升 桥涵维修	27569	2025 年
10	郑州	G30 连霍高速郑州段	K600+200	K650+000	49.800	下行半幅	199	提升改造	加铺罩面 护栏提升 桥涵维修	20051	2025 年
11	中原	G4 京港澳高速郑州至漯河段	K690+400	K728+400	38.000	全幅	304	提升改造	加铺罩面 护栏提升 桥涵维修	29100	2025 年
12	商丘	S81 商南高速商丘段	K28+000	K58+000	30.000	全幅	120	提升改造	加铺罩面 护栏提升 桥涵维修	14880	2025 年

178

续表6-1

养护单元编号	运营分公司	路段名称	起点桩号	终点桩号	养护口径里程（公里）	养护规划单元		养护类型决策	养护对策选择	投资估算（万）	实施计划优化调整
						养护幅别	养护规模（车道公里）				
13	周口	S81商南高速周口段	K134+000	K164+140	30.140	全幅	121	提升改造	加铺罩面护栏提升桥涵维修	13595	2025年
14	周口	G45大广高速扶沟至项城段	K1993+888	K2050+000	56.112	全幅	224	提升改造	加铺罩面桥涵维修	17720	2025年
15	南阳	G40沪陕高速南阳至西坪段	K1156+831	K1189+767	32.936	全幅	198	提升改造	加铺罩面护栏提升桥涵维修	17681	2025年
小计:2025年提升改造							1833			171148	
16	济源	G3511菏宝高速济源至郡原段	K294+472	K354+243	59.771	上行半幅	120	提升改造	加铺罩面护栏提升桥涵维修	8674	2026年
17	商丘	G30连霍高速商丘西段	K435+000	K467+610	32.610	全幅	261	提升改造	加铺罩面护栏提升桥涵维修	23428	2026年
18	安阳	G4京港澳高速安阳段	K484+358	K531+612	47.254	全幅	378	提升改造	加铺罩面SMA护栏提升桥涵维修	33137	2026年

续表 6-1

养护单元编号	运营分公司	路段名称	起点桩号	终点桩号	养护口径里程（公里）	养护幅别	养护规模（车道公里）	养护类型决策	养护对策选择	投资估算（万）	实施计划优化调整
19	濮阳	G45 大广高速省界段	K1762+000	K1776+154	14.154	全幅	85	提升改造	加铺罩面 护栏提升 桥涵维修	8157	2026 年
20	商丘	S81 商南高速商丘段	K58+000	K96+493	38.493	全幅	154	提升改造	加铺罩面 护栏提升 桥涵维修	18355	2026 年
21	周口	S81 商南高速周口段	K96+493	K134+000	37.507	全幅	150	提升改造	加铺罩面 护栏提升 桥涵维修	16918	2026 年
22	开封	G45 大广高速开通段	K1929+660	K1993+888	64.228	全幅	257	提升改造	加铺罩面 桥涵维修	16902	2026 年
23	周口	G45 大广高速扶沟至项城段	K2050+000	K2134+678	84.678	全幅	339	提升改造	加铺罩面 桥涵维修	26740	2026 年
24	郑州	C3001 郑州西南绕城高速	K32+800	K51+558	18.758	全幅	113	提升改造	加铺罩面 桥涵维修	7829	2026 年
小计：2026 年提升改造							1856			160140	
合计							5184			490635	

表6-2 2024—2026年路面修复养护规划一览表

养护单元编号	运营分公司	路段名称	起点桩号	终点桩号	养护口径里程（公里）	养护规划单元		养护类型决策	养护对策选择	投资估算（万）	实施计划优化调整
						养护幅别	养护规模（车道公里）				
1	中原	G4京港澳高速郑州至漯河段	K728+400	K806+123	77.723	上、下行第1车道	93	修复养护	铣刨重铺	4422	2024年
2	郑州	G1516盐洛高速少林寺至郑州段	K796+834	K831+500	34.666	全幅	115	修复养护	铣刨重铺	4826	2024年
3	南阳	G40沪陕高速信南西段	K1000+132	K1038+384	38.252	上行半幅	115	修复养护	铣刨重铺	8248	2024年
4	洛阳	G30连霍高速洛阳段	K705+910	K734+700	28.790	全幅	46	修复养护	铣刨重铺	1603	2024年
5	洛阳	G30连霍高速洛阳段	K734+700	K748+216	13.516	全幅	32	修复养护	铣刨重铺	1129	2024年
6	三门峡	G30连霍高速三门峡段	K860+000	K901+030	41.030	下行半幅	115	修复养护	铣刨重铺+精表处	4847	2024年
7	安阳	S22南林高速安阳至南乐段	K45+979	K97+522	51.543	上行半幅	87	修复养护	铣刨重铺	3592	2024年
8	驻马店	G0421许广高速舞钢至桐柏段	K102+105	K199+663	97.558	上、下行第2车道	117	修复养护	铣刨重铺	6707	2024年
9	驻马店	S38新阳高速化庄至新蔡段	K0+495	K26+310	25.815	全幅	103	修复养护	热再生	3485	2024年

续表 6-2

养护单元编号	运营分公司	路段名称	起点桩号	终点桩号	养护口径里程（公里）	养护幅别	养护规模（车道公里）	养护类型决策	养护对策选择	投资估算（万）	实施计划优化调整
10	驻马店	S38 新阳高速新蔡至泌阳段	K26+310	K67+000	40.690	全幅	163	修复养护	热再生+铣刨重铺	5493	2024 年
11	岳常	G56 杭瑞高速岳阳至常德段	K833+500	K919+000	85.500	全幅	86	修复养护	铣刨重铺	3038	2024 年
12	郑州	G107 复线郑新黄河大桥	K686+000	K709+108	23.108	全幅	10	修复养护	铣刨重铺	434	2024 年
13	中原	S1 机场高速	K0+000	K26+532	26.532	互通匝道	10	修复养护	铣刨重铺	750	2024 年
14	中原	S88 郑栾高速平顶山段	K82+910	K183+479	100.569	全幅	78	修复养护	铣刨重铺	3065	2024 年
15	郑州	S49 焦唐高速巩登段	K49+300	K64+000	14.700	全幅	35	修复养护	铣刨重铺	1617	2024 年
16	洛阳	S92 洛卢高速洛阳至洛宁段	K0+000	K68+707	68.707	全幅	69	修复养护	铣刨重铺	3031	2024 年
17	许昌	S49 焦唐高速登封至汝州段	K98+997	K157+674	58.677	全幅	7	修复养护	铣刨重铺	1031	2024 年
18	中原	G4 京港澳高速漯河至驻马店段	K806+123	K873+306	67.183	上、下行第 3/4 车道	82	修复养护	铣刨重铺	3979	2024 年
小计：2024 年修复养护							1363			61298	

续表 6-2

养护单元编号	运营分公司	路段名称	起点桩号	终点桩号	养护口径里程（公里）	养护规划单元		养护类型决策	养护对策选择	投资估算（万）	实施计划优化调整
						养护幅别	养护规模（车道公里）				
19	南阳	G40沪陕高速信南西段	K1038+384	K1076+642	38.258	上行半幅	115	修复养护	铣刨重铺	8249	2025年
20	三门峡	G30连霍高速三门峡段	K858+000	K901+030	43.030	上行半幅	103	修复养护	铣刨重铺+精表处	4357	2025年
21	安阳	S22南林高速安阳至南乐段	K45+979	K97+522	51.543	下行半幅	103	修复养护	铣刨重铺	4252	2025年
22	濮阳	S22南林高速安阳至南乐段	K35+000	K45+979	10.979	下行半幅	22	修复养护	铣刨重铺	1006	2025年
23	商丘	G35济广高速商丘段	K343+000	K400+449	57.449	上行半幅	115	修复养护	热再生+铣刨重铺	4309	2025年
24	南阳	G55二广高速分水岭至南阳段	K1285+249	K1359+548	74.299	下行半幅	93	修复养护	铣刨重铺	3655	2025年
25	许昌	G1516盐洛高速禹州至登封段	K746+258	K794+638	48.380	下行第2车道	48	修复养护	铣刨重铺	2101	2025年
26	洛阳	G1516盐洛高速郑州至洛阳段	K831+500	K855+595	24.095	全幅	96	修复养护	铣刨重铺	4185	2025年
27	驻马店	S38新阳高速新蔡至泌阳段	K67+000	K108+000	41.000	全幅	164	修复养护	热再生+铣刨重铺	6150	2025年

续表6-2

养护单元编号	运营分公司	路段名称	养护口径			养护规划单元		养护类型决策	养护对策选择	投资估算（万）	实施计划优化调整
			起点桩号	终点桩号	里程（公里）	养护幅别	养护规模（车道公里）				
28	岳常	G56杭瑞高速岳阳至常德段	K930+000	K974+530	44.530	全幅	89	修复养护	铣刨重铺	3164	2025年
29	中原	S88郑栾高速平顶山段	K82+910	K183+479	100.569	全幅	52	修复养护	铣刨重铺	2141	2025年
30	郑州	S49焦唐高速巩登段	K64+000	K79+000	15.000	全幅	36	修复养护	铣刨重铺	1650	2025年
31	洛阳	S96洛栾高速嵩县至栾川段	K62+690	K129+228	66.538	全幅	67	修复养护	铣刨重铺	3119	2025年
32	中原	S60商登高速郑尧互通至甫庄互通	K182+509	K223+380	40.871	全幅	5	修复养护	铣刨重铺	1031	2025年
33	许昌	S49焦唐高速封至汝州段	K98+997	K157+674	58.677	全幅	6	修复养护	铣刨重铺	2063	2025年
34	中原	G4京港澳高速漯河至驻马店段	K806+123	K873+306	67.183	上、下行第3/4车道	41	修复养护	铣刨重铺	1879	2025年
35	中原	S82郑民高速郑州段至开封段一期	K0+000	K71+600	71.600	上行半幅	43	修复养护	铣刨重铺	1772	2025年
小计：2025年修复养护							1198			55083	
36	三门峡	G30连霍高速三门峡段	K754+000	K803+000	49.000	上行半幅	118	修复养护	铣刨重铺+精表处	4961	2026年

续表 6-2

养护单元编号	运营分公司	路段名称	起点桩号	终点桩号	养护口径里程（公里）	养护规划单元		养护类型决策	养护对策选择	投资估算（万）	实施计划优化调整
						养护幅别	养护规模（车道公里）				
37	商丘	G35济广高速商丘段	K343+000	K400+449	57.449	下行半幅	115	修复养护	热再生+铣刨重铺	4309	2026年
38	驻马店	S38新阳高速新蔡至泌阳段	K108+000	K148+482	40.482	全幅	162	修复养护	热再生+铣刨重铺	6072	2026年
39	岳常	G56杭瑞高速岳阳至常德段	K833+500	K930+000	96.500	下行第2车道	97	修复养护	铣刨重铺	3428	2026年
40	南阳	G55二广高速分水岭至南阳段	K1285+249	K1359+548	74.299	上行半幅	133	修复养护	铣刨重铺	5234	2026年
41	商丘	S81商南高速商丘段二期	K1+009	K28+000	26.991	上、下行第2车道	54	修复养护	铣刨重铺	2344	2026年
42	中原	S88郑栾高速平顶山段	K82+910	K183+479	100.569	全幅	43	修复养护	铣刨重铺	1784	2026年
43	郑州	S49焦唐高速巩登段	K79+000	K92+567	13.567	全幅	33	修复养护	铣刨重铺	1492	2026年
44	洛阳	S92洛卢高速洛宁至卢氏段	K97+613	K123+895	26.282	全幅	26	修复养护	铣刨重铺	1232	2026年
45	洛阳	S96洛栾高速洛阳至嵩县段	K0+000	K62+690	62.690	全幅	63	修复养护	铣刨重铺	2939	2026年

续表6-2

养护单元编号	运营分公司	路段名称	起点桩号	终点桩号	养护口径里程（公里）	养护规划单元		养护类型决策	养护对策选择	投资估算（万）	实施计划优化调整
						养护幅别	养护规模（车道公里）				
46	中原	S60商登高速商丘段至兰南互通	K0+000	K114+106	114.106	上、下行第2车道	65	修复养护	热再生	2566	2026年
47	许昌	S49焦唐高速登封至汝州段	K98+997	K157+674	58.677	全幅	5	修复养护	铣刨重铺	1719	2026年
48	许昌	G1516盐洛高速禹州至登封段	K746+258	K794+638	48.380	上行第2车道	48	修复养护	铣刨重铺	2101	2026年
49	中原	G4京港澳高速郑州至漯河段	K728+400	K806+123	77.723	上、下行第1/4车道	93	修复养护	铣刨重铺	4422	2026年
50	中原	G4京港澳高速漯河至驻马店段	K806+123	K873+306	67.183	上、下行第3/4车道	41	修复养护	铣刨重铺	1879	2026年
51	中原	S82郑民高速郑州段至开封一期	K0+000	K71+600	71.600	下行半幅	43	修复养护	铣刨重铺	1772	2026年
小计:2026年修复养护							1138			48254	
合计							3699			164635	

表6-3 2024—2026年路面预防养护规划一览表

养护单元编号	运营分公司	路段名称	起点桩号	终点桩号	养护口径里程(公里)	养护规划单元			养护对策选择	投资估算(万)	实施计划优化调整
						养护幅别	养护规模(车道公里)	养护类型决策			
1	信阳	G4京港澳高速驻信段	K954+200	K1007+338	53.138	下行全车道	213	预防养护	低噪微表处+抗滑封层	预防养护	2024年
2	鹤壁	S26台辉高速濮鹤段	K128+000	K156+353	28.353	全幅	113	预防养护	超薄磨耗层	预防养护	2024年
3	南阳	S81商南高速南阳北绕城	K365+557	K389+804	24.247	全幅	97	预防养护	低噪微表处	预防养护	2024年
4	三门峡	S92洛卢高速洛宁至卢氏段	K123+895	K137+186	13.291	全幅	47	预防养护	抗滑复合封层	预防养护	2024年
5	开封	S25安罗高速一期	K45+102	K76+892	31.790	全幅	127	预防养护	精表处	预防养护	2024年
6	三门峡	G59呼北高速灵宝至卢氏段	K877+000	K957+881	80.881	全幅	78	预防养护	抗滑复合封层	预防养护	2024年
7	信阳	S62淮内高速淮滨至息县段	K0+000	K49+235	49.235	全幅	197	预防养护	抗裂复合封层+铣刨重铺	预防养护	2024年
小计:2024年预防养护							871			23136	
8	信阳	G4京港澳高速驻信段	K931+610	K1007+338	75.728	上行全车道	303	预防养护	低噪微表处+抗滑封层	7951	2025年
9	鹤壁	S26台辉高速濮鹤段	K99+340	K128+000	28.660	全幅	115	预防养护	超薄磨耗层	4657	2025年

续表 6-3

养护单元编号	运营分公司	路段名称	起点桩号	终点桩号	养护口径里程(公里)	养护规划单元				投资估算(万)	实施计划优化调整
						养护幅别	养护规模(车道公里)	养护类型决策	养护对策选择		
10	信阳	S21濮商高速淮滨至固始段	K82+500	K115+821	33.321	全幅	133	预防养护	抗裂复合封层+铣刨重铺	3124	2025年
11	洛阳	G55二广高速汝鑫段	K1194+804	K1221+584	26.780	全幅	107	预防养护	低噪微表处	1269	2025年
12	信阳	S21濮商高速淮滨至固始段	K49+235	K82+500	33.265	全幅	133	预防养护	抗裂复合封层+铣刨重铺	3119	2025年
13	周口	S25安罗高速一期	K76+892	K114+000	37.108	全幅	148	预防养护	精表处	2226	2025年
14	中原	S60商登高速兰南互通至航空港区	K114+106	K145+496	31.390	上、下行第2车道	63	预防养护	低噪微表处	1030	2025年
15	三门峡	G59呼北高速卢氏至西坪段	K957+881	K1007+029	49.148	上行半幅	82	预防养护	低噪微表处	1224	2025年
16	焦作	S87云台山高速武云段	K28+638	K63+737	35.099	上行第1/2车道	70	预防养护	低噪微表处	1316	2025年
17	中原	S82郑民高速开民段	K71+600	K119+570	47.970	上、下行第2车道	96	预防养护	精表处	1599	2025年
小计:2025年预防养护							1250			27515	
18	驻马店	G4京港澳高速驻信段	K873+306	K931+610	58.304	上行全车道	233	预防养护	低噪微表处+抗滑复合封层	6122	2026年

续表6-3

养护单元编号	运营分公司	路段名称	起点桩号	终点桩号	养护规划单元					投资估算（万）	实施计划优化调整
					养护口径里程（公里）	养护幅别	养护规模（车道公里）	养护类型决策	养护对策选择		
19	郑州	G107复线郑新黄河大桥	K686+000	K709+108	23.108	全幅	139	预防养护	薄层罩面	3723	2026年
20	中原	S1机场高速	K0+000	K26+532	26.532	全幅	212	预防养护	超薄磨耗层	8779	2026年
21	周口	S25安罗高速一期	K114+000	K151+404	37.404	全幅	150	预防养护	精表处	2244	2026年
22	濮阳	S22南林高速南乐至豫鲁省界段	K1+501	K35+000	33.499	全幅	134	预防养护	精表处	2233	2026年
23	三门峡	G59呼北高速卢氏至西坪段	K957+881	K1007+029	49.148	下行半幅	82	预防养护	低噪微表处	1224	2026年
24	南阳	G59呼北高速卢氏至寺湾段	K1007+029	K1079+625	72.596	上行半幅	145	预防养护	低噪微表处	2042	2026年
25	南阳	G59呼北高速卢氏至寺湾段	K1007+029	K1079+625	72.596	下行半幅	145	预防养护	低噪微表处	2042	2026年
26	焦作	S87郑云高速武云段	K28+638	K63+737	35.099	下行第1/2车道	70	预防养护	低噪微表处	1316	2026年
27	中原	S60商登高速航空港区至郑尧互通	K161+496	K182+509	21.013	上、下行第2车道	42	预防养护	低噪微表处	689	2026年
小计:2026年预防养护							1352			30414	
合计							3473			81065	

表 6—4 集团 2024—2026 年路面养护规划情况一览表

养护类型	具体方案	2024			2025			2026			2024—2026 年合计	
		路段数量（段）	处治规模（车道公里）	估算费用（万元）	路段数量（段）	处治规模（车道公里）	估算费用（万元）	路段数量（段）	处治规模（车道公里）	估算费用（万元）	处治规模（车道公里）	估算费用（万元）
提升改造	加铺罩面	6	1496	159347	9	1833	171148	9	1856	160140	5184	490635
修复养护	铣刨重铺	16	1097	52320	15	919	44624	13	796	35307	2812	132251
	热再生	2	266	8978	2	279	10459	3	342	12947	887	32384
预防养护	表处	6	758	18529	9	1135	22858	8	1001	17912	2894	59299
	薄层罩面	1	113	4607	1	115	4657	2	351	12502	579	21766
合计		31	3730	243781	36	4281	253746	35	4346	238808	12356	736335

备注：
①提升改造涵盖路面、交安、桥涵，路基和绿化等专业，处治规模占比约 42.0%，估算占比 66.6%；
②铣刨重铺处治规模占比约 22.8%，估算占比 18.0%；热再生处治规模占比约 7.2%，估算占比 4.4%；
③表处类处治规模占比约 23.4%，估算占比约 8.1%；薄层罩面处治规模占比约 4.7%，估算占比 3.0%。

根据 2024—2026 年路面养护规划方案,不同养护对策处治规模情况如图 6-1、图 6-2 所示。

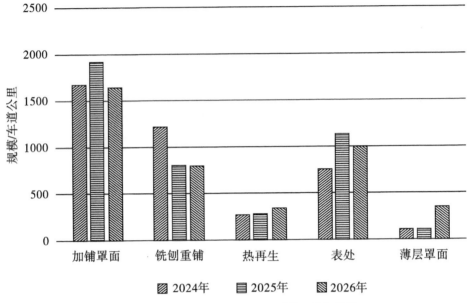

图 6-1 2024—2026 年不同养护对策处治规模情况

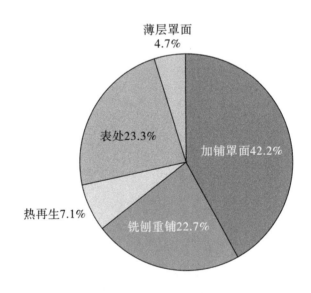

图 6-2 2024—2026 年不同养护对策处治规模占比

根据 2024—2026 年路面养护规划方案,不同养护对策投资估算情况如图 6-3、图 6-4 所示。

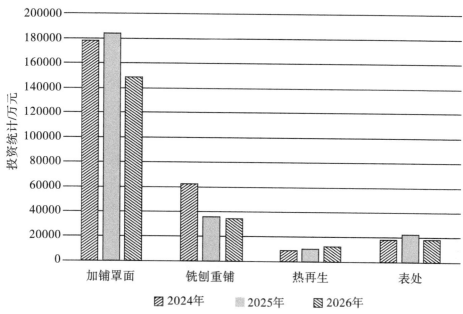

图 6-3　2024—2026 年不同养护对策投资估算情况

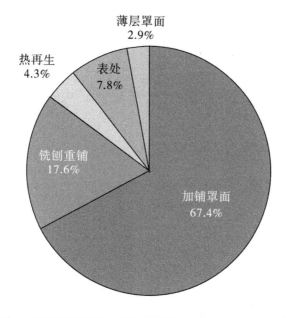

图 6-4　2024—2026 年不同养护对策投资估算占比

6.3 桥涵隧养护规划方案

综合考虑养护资金投入、地市区域分布、养护历史、养护管理、特殊工艺规模等布局均衡，分年度、分路段、分专业合理安排实施全方位养护，保证集团养护管理工作和养护专项实施的合理性、均衡性、计划性和协调性。

6.3.1 重点桥梁预防养护规划

根据 2022—2023 年立项情况，特大桥梁预防养护工程规模费用总体情况见表6-5。

表6-5 特大桥梁预防养护工程一览表

序号	项目	费用（万元）	桥长（m）	桥宽（m）	处治面积（m²）	单平造价（元/m²）
1	大柳树特大桥预防养护工程	332	1209.52	12.13	29342	113.14
2	乾涧沟特大桥预防养护工程	149	1111.16	11.75	26112	57.06
3	洪阳河特大桥预防养护工程	478	1057.8	19.5	41254	115.86
4	卫共特大桥预防养护工程	1159	1305	19.5	50895	227.72
5	刘江黄河特大桥预防养护工程	547	800	19.5	31200	175.32
平均单平造价						137.8

根据历史特大桥梁预防养护工程规模情况，位于国道重点桥梁、特大桥梁预防养护单平平均造价约为 150 元，位于省道重点桥梁、特大桥梁预防养护单平平均造价约为 100 元。根据近年桥梁养护经验，如桥梁近 5 年内做过预防养护或修复养护，桥梁病害有所缓解，因此对于近 3 年做过专项桥梁（对于 2023 年已进行预防养护的项目本次不再列入规划），单平造价按照 0.8 系数进行折减。对于涉铁桥梁需考虑涉铁部分措施费，因此对于涉铁桥梁，单平造价按照 1.1 系数进行考虑。据此估算 2024—2026 年特大桥梁预防养护工程规模。具体情况见表6-6、表6-7、表6-8。

表 6-6　2024 年特大桥梁预防养护一览表

序号	桥梁	路段	桩号	通车时间	桥长（m）	桥宽（m）	费用估算（万元）
1	许沟特大桥右1	连霍高速洛阳段	K744+957	20011228	493.14	11	81
2	许沟特大桥右2	连霍高速洛阳段	K744+957	20011228	493.14	11	81
3	京共特大桥-下行	菏宝高速新乡至焦作段	K164+659	20070906	2902.95	12.5	599
4	京共特大桥-上行	菏宝高速新乡至焦作段	K164+659	20070906	2902.95	12.5	599
5	卫共行洪区特大桥-下行	菏宝高速新乡至焦作段	K179+306	20070906	2711.5	12.5	508
6	卫共行洪区特大桥-上行	菏宝高速新乡至焦作段	K179+306	20070906	2711.5	12.5	508
7	焦枝铁路高架桥-下行	沪陕高速宛坪段	K1134+844	20071008	1513.6	15.25	381
8	焦枝铁路高架桥-上行	沪陕高速宛坪段	K1134+844	20071012	1513.6	15.25	381
9	共产主义渠特大桥-上行	台辉高速濮阳至鹤壁段	K141+466	20041007	1065.12	11.5	122
10	共产主义渠特大桥-下行	台辉高速濮阳至鹤壁段	K141+466	20041007	1065.12	11.5	122
11	潘庄高架桥-下行	二广高速济源至洛阳段	K1134+282	20050904	1118.4	12	201
12	潘庄高架桥-上行	二广高速济源至洛阳段	K1134+282	20050904	1118.4	12	201
13	水磨湾特大桥-上行	盐洛高速少林寺至郑州段	K934+570	20051206	185.04	12	27
14	水磨湾特大桥-下行	盐洛高速少林寺至郑州段	K934+570	20051206	185.04	12	27
15	王化沟大桥-上行	盐洛高速郑州至洛阳段	K818+744	20051008	577.2	11.5	80
16	王化沟大桥-下行	盐洛高速郑州至洛阳段	K818+744	20051008	577.2	11.5	80
17	贺家冲大桥-上行	沪陕高速叶信段	K934+570	20051205	307.8	11.5	
18	贺家冲大桥-下行	沪陕高速叶信段	K934+570	20051205	307.8	11.5	
合计					—	—	3999

表6-7 2025年特大桥梁预防养护一览表

序号	桥梁	路段	桩号	通车时间	桥长(m)	桥宽(m)	费用估算(万元)
1	枣乡河特大桥(下行)	连霍高速三门峡段	884.68	20011201	1159.6	11	153.07
2	枣乡河特大桥(下行)	连霍高速三门峡段	884.68	20011201	1159.6	11	153.07
3	沁河特大桥-下行	菏宝高速焦作至济源段	257.244	20050926	1048.8	12	188.78
4	沁河特大桥-上行	菏宝高速焦作至济源段	257.244	20050926	1048.8	12	188.78
5	西泗河特大桥	焦唐高速巩义至登封段	54.492	20121218	1168.6	11.5	134.39
6	西泗河特大桥	焦唐高速巩义至登封段	54.492	20121218	1168.6	11.5	134.39
7	洛河特大桥-下行	洛卢高速洛阳至卢氏段	69.728	20121231	1426.48	12.13	173.03
8	洛河特大桥-上行	洛卢高速洛阳至卢氏段	69.728	20121231	1426.48	12.13	173.03
9	小铁沟特大桥-上行	洛卢高速洛阳至卢氏段	102.17	20121231	675.48	11.38	61.50
10	小铁沟特大桥-下行	洛卢高速洛阳至卢氏段	102.17	20121231	675.48	11.38	61.50
11	淮河特大桥-上行	大广高速息县至光山段	2224.663	20071008	4958.2	12.75	758.60
12	淮河特大桥-下行	大广高速息县至光山段	2224.663	20071008	4958.2	12.75	758.60
13	淮河特大桥-上行	濮商高速淮滨至固始段	51.071	20121016	3568.2	12.2	348.26
14	淮河特大桥-下行	濮商高速淮滨至固始段	51.071	20121016	3568.2	12.2	348.26
15	白河特大桥-上行	商南高速南阳北绕城段	370.579	20090930	1238.2	19.5	241.45
16	白河特大桥-下行	商南高速南阳北绕城段	370.579	20090930	1238.2	19.5	241.45
合计					—	—	4118

表6-8 2026年特大桥梁预防养护一览表

序号	桥梁	路段	桩号	通车时间	桥长（m）	桥宽（m）	费用估算（万元）
1	函谷关特大桥（下行）	连霍高速三门峡段	844.656	20011201	1159.54	11	153.06
2	函谷关特大桥（下行）	连霍高速三门峡段	844.656	20011201	1159.54	11	153.06
3	阳平河特大桥（下行）	连霍高速三门峡段	873.875	20011201	1260	11	166.32
4	阳平河特大桥（下行）	连霍高速三门峡段	873.875	20011201	1260	11	166.32
5	苏店河特大桥-下行	沪陕高速叶集至信阳段	850	20051206	1018.48	12	146.66
6	苏店河特大桥-上行	沪陕高速叶集至信阳段	850	20051206	1018.48	11	134.44
7	洛阳黄河特大桥-上行	二广高速济源至洛阳段	1128.53	20050904	4011.86	12	577.71
8	洛阳黄河特大桥-下行	二广高速济源至洛阳段	1128.53	20050904	4011.86	12	577.71
9	后寺河特大桥	焦唐高速巩义至登封段	60	20121218	1049	11.5	120.64
10	后寺河特大桥	焦唐高速巩义至登封段	60	20121218	1129	11.5	129.84
11	甘堂河特大桥-下行	洛卢高速洛阳至卢氏段	24.291	20121231	1059.52	12.13	192.78
12	甘堂河特大桥-上行	洛卢高速洛阳至卢氏段	24.291	20121231	1059.52	12.13	192.78
13	大铁沟特大桥-上行	洛卢高速洛阳至卢氏段	106.52	20121231	856.48	11.38	77.97
14	大铁沟特大桥-下行	洛卢高速洛阳至卢氏段	106.52	20121231	856.48	11.38	77.97
15	栗子坪伊河特大桥-上行	洛栾高速洛阳至栾川段	69.716	20121231	368.12	11.38	50.27
16	栗子坪伊河特大桥-下行	洛栾高速洛阳至栾川段	69.716	20121231	368.12	11.38	50.27
17	白露河特大桥-下行	濮商高速淮滨至固始段	70.1	20121016	2527.56	12.2	246.69

续表 6-8

序号	桥梁	路段	桩号	通车时间	桥长（m）	桥宽（m）	费用估算（万元）
18	白露河特大桥-上行	濮商高速淮滨至固始段	70.1	20121016	2527.56	12.2	246.69
19	宿鸭湖特大桥（上行）	新阳高速新阳段	87.743	20071219	1251.18	11.5	115.11
20	宿鸭湖特大桥（下行）	新阳高速新阳段	87.743	20071219	1251.18	11.5	115.11
21	跨焦枝铁路特大桥-上行	商南高速南阳北绕城段	375.257	20090930	1703.2	12.5	234.19
22	跨焦枝铁路特大桥-下行	商南高速南阳北绕城段	375.257	20090930	1703.2	12.5	234.19
合计					—	—	4160

6.3.2 重点隧道预防养护规划

本次按照隧道所在路线重要程度、通车年限进行预防养护规划,同时结合每年度投资规划情况,综合考虑。根据隧道预防养护工程规模情况,单平平均造价约为 100 元。据此估算 2024—2026 年隧道预防养护工程规模。具体详见表 6-9、表 6-10、表 6-11。

表 6-9 2024 年隧道预防养护一览表

序号	桥梁	路段	桩号	通车时间	隧道长(m)	费用估算（万元）
1	毛峪隧道-上行	呼北高速灵宝至卢氏段	905.04	2010	1348	138.17
2	毛峪隧道-下行	呼北高速灵宝至卢氏段	905.028	2010	1352	138.58
3	周家咀隧道-上行	呼北高速灵宝至卢氏段	910.425	2010	1126	115.415
4	崤山隧道-上行	呼北高速灵宝至卢氏段	938.275	2010	2960	303.4
5	崤山隧道-下行	呼北高速灵宝至卢氏段	938.3	2010	2946	301.965

续表 6-9

序号	桥梁	路段	桩号	通车时间	隧道长（m）	费用估算（万元）
6	熊耳山隧道 - 上行	呼北高速卢氏至西坪段	976.367	2012	3636	372.69
7	熊耳山隧道 - 下行	呼北高速卢氏至西坪段	976.37	2012	3600	369
8	西簧隧道上行	呼北高速南阳段	1064.225	2012	1144	117.26
9	西簧隧道下行	呼北高速南阳段	1064.247	2012	1128	115.62
合计				—		1972

表 6-10　2025 年隧道预防养护一览表

序号	桥梁	路段	桩号	通车时间	隧道长（m）	费用估算（万元）
1	瓦庙岭隧道 - 上行	呼北高速灵宝至卢氏段	942.414	2010	1590	162.975
2	瓦庙岭隧道 - 下行	呼北高速灵宝至卢氏段	942.427	2010	1645	168.6125
3	刘家凹隧道 - 上行	呼北高速灵宝至卢氏段	951.253	2010	1238	126.895
4	刘家凹隧道 - 下行	呼北高速灵宝至卢氏段	951.265	2010	1300	133.25
5	九龙山隧道 - 上行	呼北高速卢氏至西坪段	982.243	2012	1635	167.5875
6	九龙山隧道 - 下行	呼北高速卢氏至西坪段	982.28	2012	1724	176.71
7	岭南隧道 - 下行	呼北高速灵宝至卢氏段	907.44	2010	1011	103.6275
8	捷道沟 2 号隧道上行	呼北高速南阳段	1019.828	2012	1155	118.3875
9	捷道沟 2 号隧道下行	呼北高速南阳段	1019.859	2012	1158	118.695
10	前湾隧道上行	呼北高速南阳段	1061.46	2012	1416	145.14

续表 6-10

序号	桥梁	路段	桩号	通车时间	隧道长（m）	费用估算（万元）
11	前湾隧道下行	呼北高速南阳段	1061.45	2012	1429	146.4725
12	北庄隧道上行	焦唐高速巩义至登封段	70.65	2012	2530	271.975
13	北庄隧道下行	焦唐高速巩义至登封段	70.683	2012	2505	269.2875
合计						2110

表 6-11　2026 年隧道预防养护一览表

序号	桥梁	路段	桩号	通车时间	隧道长（m）	费用估算（万元）
1	上台隧道右幅	二广高速	1206.354	2008	2079	218.295
2	上台隧道左幅	二广高速	1206.309	2008	1968	206.64
3	横涧隧道-上行	呼北高速卢氏至西坪段	963.154	2012	1287	131.9175
4	横涧隧道-下行	呼北高速卢氏至西坪段	963.199	2012	1362	139.605
5	毛公山隧道上行	呼北高速南阳段	1008.393	2012	2707	277.4675
6	毛公山隧道下行	呼北高速南阳段	1008.393	2012	2707	277.4675
7	后塘沟隧道上行	呼北高速南阳段	1048.856	2012	1041	106.7025
8	张马垭隧道上行	呼北高速南阳段	1058.907	2012	1373	140.7325
9	张马垭隧道下行	呼北高速南阳段	1058.946	2012	1366	140.015
10	石嘴隧道上行	焦唐高速巩义至登封段	83.245	2012	1074	115.455
11	石嘴隧道下行	焦唐高速巩义至登封段	83.245	2012	1011	108.6825
12	狮子坪1号隧道上行	洛栾高速洛阳至栾川段	103.372	2012	2392	245.18
13	狮子坪1号隧道下行	洛栾高速洛阳至栾川段	103.371	2012	2354	241.285
合计						2349

6.3.3　30 m 空心板加固规划

京港澳高速公路 30 m 空心板结构未进行改造。在 2021—2023 年桥梁专项工程中陆续对空心板进行了改造加固,改造方案采用增大截面尺寸的方法加固。具体流程:首先对桥面铺装进行分层铣刨,上面层铣刨面积约 140 cm×1165 cm,中面层铣刨面积约 120 cm×1150 cm,下面层铣刨面积约 100 cm×1135 cm;然后逐处凿除桥面混凝土调平层,每处面积 0.7 m×0.8 m。根据空心板板端加固设计图,于顶板梁端开孔充入气囊形成内模,浇筑灌浆料,对梁板两端各 3 m 范围内的顶底板及腹板加厚,增大梁板抗剪能力;加固完成后恢复桥面铺装。该方案加固空心板费用每片约 3 万元。其增大截面法加固,如图 6-5 所示。

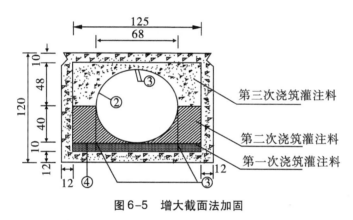

图 6-5　增大截面法加固

目前尚未改造的 30 m 空心板改造计划见表 6-12。

表 6-12　存量 30 m 空心板改造计划

序号	桥梁	路段	桩号	桥长（m）	空心板数量（片）	改造计划	费用（万元）
1	洋河北大桥	京港澳高速	954.363	185.04	96	2024 年	288
2	洋河南大桥	京港澳高速	955.522	155.04	80	2024 年	240
3	北小黄河大桥	京港澳高速	986.225	245.08	128	2024 年	384
合计				585.16	304		912

6.3.4　三类桥涵修复养护规划

根据集团 2019—2022 年桥梁检测情况(表 6-13),技术状况为 3 类及以上桥梁每年平均数量为 34 座,每年 3 类及以上桥梁数量占总检测桥梁数量平均比例为 0.92%,据此估计集团 2024—2026 年 3 类桥数量。另外伸缩缝、支座修复暂估部分费用。

表 6-13　2019—2022 年集团桥梁检测情况

序号	年份	检测桥梁数量（幅）	3 类及以上桥数量（幅）	3 类及以上桥占比
1	2022	3559	30	0.87%
2	2021	5104	35	0.90%
3	2020	2784	18	0.65%
4	2019	3245	41	1.26%

6.3.5　健康监测规划

本次按照所属路段重要程度、桥梁重要程度、桥梁结构形式、桥梁通车年限进行规划，同时选择加固后的跨径 30 m 大孔空心板等典型结构桥梁，综合考虑。

表 6-14　2024—2026 年桥梁健康监测一览表

序号	桥梁	路段	桩号	通车时间	桥长（m）	费用估算（万元）	拟实施年份
1	刘江黄河特大桥	京港澳高速郑州至新乡段	K646+719	2004.1	9848	950	2024 年
2	许沟特大桥	连霍高速洛阳段	K744+957	2001.1	493	630	2024 年
3	仁存沟高架桥（右一、右二）	连霍高速郑州段	K630+120	1994.1	265	280	2024 年
4	廖峪沟高架桥（右一、右二）	连霍高速郑州段	K625+150	1994.1	232.5	300	2024 年
5	英峪沟高架桥（右一、右二）	连霍高速郑州段	K625+920	1994.1	232.5	300	2024 年
6	逢石河特大桥	菏宝高速济源至邵原段	K340+358	2005.11	1499	210	2025 年
7	白河特大桥	沪陕高速信阳至南阳段	K1127+249	2004.1	1590.2	210	2025 年
8	大店河大桥	菏宝高速济源至邵原段	K326+400	2005.1	738	210	2025 年
9	南崖大桥	菏宝高速济源至邵原段	K339+300	2005.1	468	210	2025 年
10	跨陇海铁路桥	大广高速开封段	K1937+631	2006.12	767.774	200	2025 年
11	淮河特大桥	大广高速息县至光山段	K2224+663	2007.10	4958.2	200	2025 年

续表 6-14

序号	桥梁	路段	桩号	通车时间	桥长（m）	费用估算（万元）	拟实施年份
12	大清沟桥	盐洛高速公路	K45+481	2011.12	697.2	180	2025 年
13	史楼互通 B 匝道桥	商南高速	BK1+170.219	2006.12	296.74	180	2025 年
14	史楼互通 1 号桥	商南高速	K28+109	2006.12	102.52	180	2025 年
15	岭头大桥	连霍高速三门峡段	K756+384	2001.12	187.8	40	2025 年
16	渑池－池底分离式立交	连霍高速三门峡段	K762+86	2001.12	65	40	2025 年
17	朱城大桥	连霍高速三门峡段	K766+350	2001.12	245.14	40	2025 年
18	东涧河大桥	连霍高速三门峡段	K772+214	2001.12	428.9	600	2026 年
19	山河口大桥	连霍高速三门峡段	K803+143	2001.12	277.26	600	2026 年
20	青龙涧河大桥	连霍高速三门峡段	K808+768	2001.12	427.3	600	2026 年
21	苍龙涧河大桥	连霍高速三门峡段	K820+727	2001.12	242	60	2026 年
22	罐煮沟大桥	连霍高速三门峡段	K187+26	2001.12	823.89	60	2026 年
23	黄河特大桥	济洛高速济源至洛阳西段	K37+485	2016.11	2170.35	60	2026 年
24	黄河特大桥	台辉高速豫鲁省界至台前互通段	K5+749	2020.1	11420.08	60	2026 年
25	黄河特大桥	垣渑高速河南段	K0+946	2021.7	1727.6	600	2026 年
26	小寺坡大桥	连霍高速三门峡段	K784+113	2001.12	211.02	600	2026 年
27	四道沟大桥	连霍高速三门峡段	K787+67	2001.12	216.4	600	2026 年
28	南沟大桥	连霍高速三门峡段	K798+225	2001.12	359.78	60	2026 年
29	唐沟大桥	连霍高速三门峡段	K784+644	2001.12	264.08	60	2026 年

　　根据桥涵隧养护规划动态优化结果，确定集团桥隧养护规划见表 6-15，2024—2026 年投资估算合计 38270 万元，如图 6-6 所示。

表6-15　集团2024—2026年桥隧养护规划一览表

项目	2024 年		2025 年		2026 年	
	规模	费用	规模	费用	规模	费用
特大桥预防养护	18 幅，长度 21.75 km	3999	16 幅，长度 30.48 km	4118	22 幅，长度 32.61 km	4160
隧道预防养护	9 幅，长度 19.24 km	1972	13 幅，长度 20.34 km	2110	13 幅，长度 22.72 km	2349
30 m 空心板加固	3 座，空心板 304 片	912				
伸缩缝、支座更换		800		900		1000
3 类桥修复	30 座	2670	35 座	2900	40 座	3180
涵洞修复	18 座	180	20 座	200	22 座	220
健康监测项目	3 座	2460	3 座	2100	3 座	2040
合计		12993		12328		12949

注:伸缩缝及支座更换项目及 3 类桥、涵洞修复养护根据近两年集团桥梁养护专项情况预估。

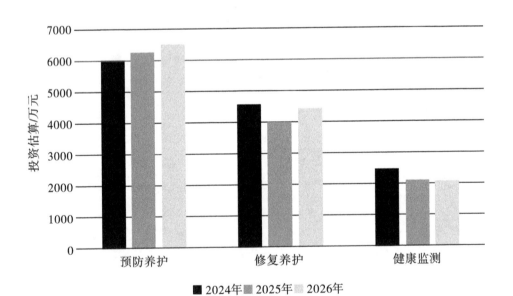

图6-6　2024—2026 年桥隧养护投资估算情况

6.4　交安设施养护规划方案

6.4.1　护栏提升改造及修复规划方案

根据波形梁护栏规划原则,对于运营年限>15 年、结合安全评估结果,对影响行车安全的波形梁护栏进行提升改造。结合以往改造经验,波形梁护栏按照 17 年版规范提升改造资金约 120 万/公里。

根据新泽西护栏规划原则,对于运营年限>15 年的新泽西护栏进行耐久性防腐修复。结合以往修复经验,中分带混凝土护栏耐久性防腐修复资金约 20 万/公里。

具体提升改造和修复养护规划见表 6-16,2024—2026 年投资估算合计 175825 万元。

表 6-16　2024—2026 年交安设施规划一览表

序号	路段	处治路段		规模 (公里)	主要 方案	实施 年份	投资估算 (万元)
1	G55 二广高速济源至洛阳段	K1123+755	K1139+000	15.245	路侧、中分带护栏提升	2024 年	3851
2	G40 沪陕高速信南西段	K989+403	K1038+000	48.597	路侧护栏提升,中分带护栏修复	2024 年	12277
3	G40 沪陕高速信南西段	K1088+200	K1132+304	44.104	路侧、中分带护栏提升	2024 年	5571
4	S1 机场高速	K0+000	K26+532	26.532	路侧、中分带护栏提升	2024 年	6600
5	G1516 盐洛高速少林寺至郑州段	K796+834	K831+500	34.666	路侧、中分带护栏提升	2024 年	8320
6	G55 二广高速济源至洛阳段	K1102+555	K1123+755	21.200	路侧护栏提升,中分带护栏修复	2024 年	5088
7	S22 南林高速安阳至南乐段	K45+979	K97+522	51.543	路侧、中分带护栏提升	2024 年	2835

续表 6-16

序号	路段	处治路段		规模（公里）	主要方案	实施年份	投资估算（万元）
8	S26 台辉高速濮鹤段	K128+000	K156+353	28.353	路侧、中分带护栏提升	2024 年	6805
9	G1516 盐洛高速郑州至洛阳段	K831+500	K855+595	24.095	路侧、中分带护栏提升	2024 年	5301
10	G4 京港澳高速郑州至漯河段	K690+400	K691+000	0.600	路侧护栏提升，中分带护栏修复	2024 年	350
11	G45 大广高速新乡段	K1877+636	K1915+850	38.214	路侧、中分带护栏提升	2025 年	4586
12	G40 沪陕高速信南西段	K949+400	K989+403	40.003	中分带护栏耐久性修复	2025 年	9601
13	G45 大广高速息光段	K2186+805	K2252+718	65.913	路侧护栏提升，中分带护栏修复	2025 年	2637
14	S22 南林高速安阳至南乐段	K35+000	K45+979	10.979	路侧护栏提升，中分带护栏修复	2025 年	1387
15	S22 南林高速安阳至南乐段	K45+979	K97+522	51.543	路侧、中分带护栏提升	2025 年	3093
16	S26 台辉高速濮鹤段	K99+340	K128+000	28.660	路侧、中分带护栏提升	2025 年	6878
17	S38 新阳高速新蔡至泌阳段	K108+000	K172+210	64.210	路侧、中分带护栏提升	2025 年	14126
18	G1516 盐洛高速禹州至登封段	K746+258	K794+638	48.380	路侧、中分带护栏提升	2025 年	10644
19	G35 济广高速商丘段	K343+000	K400+449	57.449	路侧、中分带护栏提升	2026 年	12639
20	S81 商南高速商丘段二期	K1+009	K28+000	26.991	路侧、中分带护栏提升	2026 年	5938
21	G55 二广高速分水岭至南阳段	K1285+249	K1359+548	74.299	路侧、中分带护栏提升	2026 年	17832

续表 6-16

序号	路段	处治路段		规模（公里）	主要方案	实施年份	投资估算（万元）
22	S38 新阳高速新蔡至泌阳段	K26+130	K108+000	81.870	路侧、中分带护栏提升	2026 年	18011
23	G1516 盐洛高速许昌至扶沟段	K651+659	K679+489	27.830	路侧、中分带护栏提升	2026 年	6123
24	S81 商南高速南阳北绕城	K365+557	K389+804	24.247	路侧、中分带护栏提升	2026 年	5334
合计							175825

注:不包含综合提升改造范围内交安设施。

6.4.2　精细化提升规划方案

根据《河南省高速公路安全设施和交通秩序管理精细化提升行动实施意见》,确定集团精细化提升规划见表 6-17,2024—2026 年投资估算合计 6245 万元。

表 6-17　2024—2026 年精细化提升规划一览表

序号	路段编号	处治规模（公里）	精细化提升措施	实施计划（年份）	费用（万元）	运营分公司
1	G4 京港澳高速驻信段	12	中分带护栏提升改造	2024	2002	信阳
2	S38 新阳高速新阳段	12	改造护栏过渡段	2024	1295	驻马店
3	G0421 许广高速舞桐段	9	改造护栏过渡段	2024	649	驻马店
4	G30 连霍高速三门峡段	21	改造护栏过渡段	2024	1122	三门峡
5	S96 洛栾高速	6	改造护栏过渡段	2024	723	洛阳
6	G55 二广高速岭南段	12	改造护栏过渡段	2024	454	南阳
合计	—				6245	

根据养护规划思路、主要影响因素、决策方法和决策过程,确定集团交安养护规划见表 6-18,2024—2026 年投资估算合计 182070 万元。如图 6-7 所示。

表6-18　集团2024—2026年交安设施养护规划一览表

项目	2024 年		2025 年		2026 年	
	规模（公里）	费用（万元）	规模（公里）	费用（万元）	规模（公里）	费用（万元）
护栏提升改造及修复养护	295	56998	310	52951	293	65877
精细化提升		5068		1177		
合计		62066		54127		65877

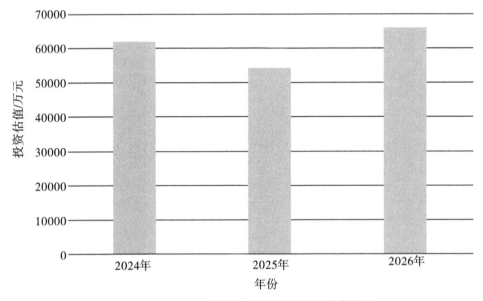

图6-7　2024—2026年交安设施养护投资估算情况

6.5　路基高边坡养护规划方案

6.5.1　欠稳定高边坡养护规划

本次按照边坡的危险程度、所在路线重要程度，同时考虑高边坡地市区域分布进行修复处治规划均衡布局。欠稳定高边坡3年内分批次修复处治完成。2024—2026年估算费用合计9220万。具体见表6-19、表6-20、表6-21。

表6-19 2024年欠稳定高边坡修复处治规划一览表

序号	地市公司	线路名称	高边坡名称	建成时间	相对位置	边坡长度（m）	路堤边坡坡高(m)	路堑边坡坡高（m）	费用估算（万元）
1	洛阳分公司	洛卢高速宁卢段	K98＋780至K99＋730段高边坡	2012	L	950		69	440
2	三门峡分公司	呼北高速	K916＋000至K916+250段高边坡	2012	R	250		24	280
3	三门峡分公司	洛卢高速	K135＋100至K135+300段高边坡	2012	R	200		23	300
4	南阳分公司	呼北高速	K1010＋100至K1010＋375段高边坡	2015	R	275		30	300
5	南阳分公司	呼北高速	K1018＋950至K1018＋850段高边坡	2015	R	100		40	260
6	南阳分公司	呼北高速	K1031＋540至K1031＋675段高边坡	2016	R	15		20	240
7	南阳分公司	二广高速岭南段	K1287＋500至K1288＋040段高边坡	2008	L	540		34	360
8	南阳分公司	二广高速岭南段	K1288＋340至K1288＋480段高边坡	2008	L	140		31	260
9	南阳分公司	二广高速岭南段	K1293＋840至K1294＋220段高边坡	2008	L	380		31	340
10	南阳分公司	二广高速岭南段	K1294＋400至K1294＋540段高边坡	2008	L	140		35	280
合计						2990			3060

表6-20 2025年欠稳定高边坡修复处治规划一览表

序号	地市公司	线路名称	高边坡名称	建成时间	相对位置	边坡长度（m）	路堤边坡坡高（m）	路堑边坡坡高（m）	费用估算（万元）
1	洛阳分公司	洛卢高速洛宁段	K51＋766至K51＋830段高边坡	2012	L	64	21		270
2	三门峡分公司	连霍高速三门峡段	K814＋300至K814＋350段高边坡	2001	R	50	25		290
3	三门峡分公司	呼北高速	K926＋980至K927＋300段高边坡	2012	R	320		40	350
4	南阳分公司	呼北高速	K1035＋380至K1035＋470段高边坡	2015	R	80		25	290
5	南阳分公司	呼北高速	K1041＋760至K1041＋840段高边坡	2015	R	80		25	290
6	南阳分公司	二广高速岭南段	K1286＋440至K1286＋720段高边坡	2008	R	280		37	310
7	南阳分公司	二广高速岭南段	K1288＋540至K1288＋620段高边坡	2008	L	80		36	270
8	南阳分公司	二广高速岭南段	K1289＋300至K1289＋700段高边坡	2008	R	400		38	370
9	南阳分公司	二广高速岭南段	K1289＋750至K1290＋040段高边坡	2008	R	290		39	290
10	南阳分公司	二广高速岭南段	K1291＋720至K1291＋820段高边坡	2008	R	100		47	290
合计						1744			3020

表6-21 2026 年欠稳定高边坡修复处治规划一览表

序号	地市公司	线路名称	高边坡名称	建成时间	相对位置	边坡长度（m）	路堤边坡坡高（m）	路堑边坡坡高（m）	费用估算（万元）
1	洛阳分公司	洛栾高速	K84＋150 至 K84＋180 段高边坡	2012	R	30		35	290
2	洛阳分公司	洛栾高速	K106＋305 至 K106+350 段高边坡	2012	R	45		32	290
3	三门峡分公司	呼北高速	K949＋110 至 K949+320 段高边坡	2012	L	210		50	310
4	许昌分公司	盐洛高速禹登段	K780＋200 至 K782+000 上下行高边坡	2007	L\R	3600	24		550
5	南阳分公司	呼北高速	K1041＋470 至 K1041＋530 段高边坡	2015	R	60		30	290
6	南阳分公司	呼北高速	K1041＋680 至 K1041＋710 段高边坡	2015	R	30		25	290
7	南阳分公司	呼北高速	K1066＋440 至 K1066＋460 段高边坡	2015	L	20		20	270
8	南阳分公司	二广高速岭南段	K1293＋120 至 K1293＋340 段高边坡	2008	L	220		47	290
9	南阳分公司	二广高速岭南段	K1297＋800 至 K1298＋000 段高边坡	2008	L	200		45	290
10	南阳分公司	二广高速岭南段	K1298＋015 至 K1298＋200 段高边坡	2008	L	185		32	270
合计						4600			3140

6.5.2 基本稳定高边坡养护规划

本次按照边坡的危险程度、所在路线重要程度，同时考虑高边坡地市区域分布进行规划均衡布局。基本稳定高边坡 3 年内分批次完成监测预警系统布设。2024—2026 年估算费用合计 1561 万。具体见表 6-22、表 6-23、表 6-24。

表 6-22　2024 年基本稳定高边坡监测预警系统布设规划一览表

序号	地市公司	线路名称	高边坡名称	建成时间	相对位置	边坡长度（m）	路堤边坡坡高（m）	路堑边坡坡高（m）	费用估算（万元）
1	洛阳分公司	洛卢高速宁卢段	K112＋034 至 K112＋354 段高边坡	2012	L	320		27	27
2	洛阳分公司	洛栾高速	K81＋500 至 K81＋720 段高边坡	2012	R	220		38	30
3	洛阳分公司	洛栾高速	K84＋535 至 K84＋630 段高边坡	2012	R	95		38	28
4	洛阳分公司	洛栾高速	K89＋650 至 K89＋820 段高边坡	2012	R	170		55	30
5	洛阳分公司	洛栾高速	K107＋000 至 K107＋060 段高边坡	2012	L	60		40	28
6	洛阳分公司	洛栾高速	K113＋100 至 K113＋160 段高边坡	2012	R	60		40	28
7	洛阳分公司	洛栾高速	K114＋030 至 K114＋400 段高边坡	2012	R	370		35	30
8	洛阳分公司	洛栾高速	K115＋790 至 K115＋840 段高边坡	2012	R	50		50	28
9	三门峡分公司	呼北高速	K930＋430 至 K930＋960 段高边坡	2012	R	530		80	30

续表 6-22

序号	地市公司	线路名称	高边坡名称	建成时间	相对位置	边坡长度（m）	路堤边坡坡高(m)	路堑边坡坡高（m）	费用估算（万元）
10	三门峡分公司	呼北高速	K936＋500 至 K936+700 段高边坡	2012	L	200		70	26
11	三门峡分公司	呼北高速	K948＋100 至 K948+610 段高边坡	2012	R	510		130	30
12	三门峡分公司	呼北高速	K949＋040 至 K949+240 段高边坡	2012	R	200		120	30
13	郑州分公司	郑州绕城高速	K29＋350 至 K29+500 段高边坡	2005	R	150		30	27
14	郑州分公司	郑州绕城高速	K29＋350 至 K29+900 段高边坡	2005	L	550		30	30
15	新乡分公司	台辉高速	K193＋544 至 k193＋724 高边坡	2022	R	180		51.9	30
16	南阳分公司	呼北高速	K1034＋170 至 K1034＋310 段高边坡	2015	L	140		35	30
17	南阳分公司	呼北高速	K1034＋890 至 K1035＋060 段高边坡	2015	R	120		40	30
18	南阳分公司	呼北高速	K1034＋265 至 K1034＋195 段高边坡	2015	L	70		40	27
19	南阳分公司	呼北高速	K1070＋800 至 K1070＋680 段高填方	2015	L	220	25		28
合计						4215			547

表6-23 2025年基本稳定高边坡监测预警系统布设规划一览表

序号	地市公司	线路名称	高边坡名称	建成时间	相对位置	边坡长度（m）	路堤边坡坡高(m)	路堑边坡坡高（m）	费用估算（万元）
1	洛阳分公司	洛栾高速	K71＋845至K71＋950段高边坡	2012	R	105		30	27
2	洛阳分公司	洛栾高速	K75＋500至K75＋870段高边坡	2012	L	370		30	28
3	洛阳分公司	洛栾高速	K81＋275至K81＋350段高边坡	2012	R	75		35	28
4	洛阳分公司	洛栾高速	K88＋370至K88＋510段高边坡	2012	R	140		30	27
5	洛阳分公司	洛栾高速	K101＋435至K101+495段高边坡	2012	R	60		35	27
6	洛阳分公司	洛栾高速	K106＋605至K106+700段高边坡	2012	R	95		35	30
7	洛阳分公司	洛栾高速	K118＋580至K118+720段高边坡	2012	L	140		30	28
8	洛阳分公司	洛栾高速	K119＋800至K119+920段高边坡	2012	L	120		30	27
9	洛阳分公司	洛栾高速	K121＋220至K121+300段高边坡	2012	R	80		35	27
10	洛阳分公司	洛栾高速	K126＋720至K127+000段高边坡	2012	R	280		35	30
11	三门峡分公司	呼北高速	K935＋310至K935+400段高边坡	2012	L	90		40	27

续表 6-23

序号	地市公司	线路名称	高边坡名称	建成时间	相对位置	边坡长度（m）	路堤边坡坡高（m）	路堑边坡坡高（m）	费用估算（万元）
12	三门峡分公司	呼北高速卢西段	K962 + 080 至 K962+315 段高边坡	2015	R	235		35	30
13	三门峡分公司	呼北高速卢西段	K1001 + 900 至 K1002 + 110 段高边坡	2015	R	210		40	30
14	郑州分公司	郑州绕城高速	K29 + 600 至 K30 + 000 段高边坡	2005	R	400		30	30
15	郑州分公司	郑州绕城高速	K31 + 400 至 K31 + 700 段高边坡	2005	R	300		22	27
16	焦作分公司	郑云高速郑武段	K9 + 950 至 K10 + 040 段高边坡	2013	L	90		24	28
17	南阳分公司	呼北高速	K1015 + 915 至 K1016 + 015 段高边坡	2015	L	100		30	26
18	南阳分公司	呼北高速	K1029 + 290 至 K1029 + 415 段高边坡	2015	L	125		30	26
19	南阳分公司	呼北高速	K1032 + 830 至 K1032 + 800 段高边坡	2015	L	30		30	28
合计						3045			531

表6-24　2026年基本稳定高边坡监测预警系统布设规划一览表

序号	地市公司	线路名称	高边坡名称	建成时间	相对位置	边坡长度（m）	路堤边坡坡高(m)	路堑边坡坡高（m）	费用估算（万元）
1	洛阳分公司	洛栾高速	K76＋000至K76＋080段高边坡	2012	R	80		22	24
2	洛阳分公司	洛栾高速	K78＋800至K78＋885段高边坡	2012	R	85		25	24
3	洛阳分公司	洛栾高速	K85＋450至K85＋685段高边坡	2012	R	235		35	30
4	洛阳分公司	洛栾高速	K88＋350至K88＋480段高边坡	2012	L	130		22	24
5	洛阳分公司	洛栾高速	K90＋000至K90＋180段高边坡	2012	R	180		25	26
6	洛阳分公司	洛栾高速	K90＋900至K91＋050段高边坡	2012	R	150		25	26
7	洛阳分公司	洛栾高速	K91＋300至K91＋400段高边坡	2012	R	100		25	26
8	洛阳分公司	洛栾高速	K94＋010至K94＋130段高边坡	2012	R	120		28	27
9	洛阳分公司	洛栾高速	K94＋020至K94＋100段高边坡	2012	L	80		22	25
10	洛阳分公司	洛栾高速	K94＋300至K94＋400段高边坡	2012	L	100		25	25
11	洛阳分公司	洛栾高速	K98＋750至K98＋820段高边坡	2012	R	70		30	26

序号	地市公司	线路名称	高边坡名称	建成时间	相对位置	边坡长度（m）	路堤边坡坡高（m）	路堑边坡坡高（m）	费用估算（万元）
12	三门峡分公司	呼北高速	K910+610 至 K910+750 段高边坡	2012	L	140		23	24
13	三门峡分公司	呼北高速	K944+660 至 K944+730 段高边坡	2012	R	70		30	26
14	三门峡分公司	连霍高速三门峡段	K799+300 至 K799+575 段高边坡	2015	R	275		23	26
15	郑州分公司	郑州绕城高速	K30+350 至 K30+400 段高边坡	2005	L	50		23	25
16	郑州分公司	郑州绕城高速	K30+350 至 K30+400 段高边坡	2005	R	50		24	25
17	南阳分公司	呼北高速	K1022+650 至 K1022+750 段高边坡	2015	R	100		20	26
18	南阳分公司	呼北高速	K1030+160 至 K1030+100 段高边坡	2015	L	60		20	24
19	南阳分公司	呼北高速	K1059+593 至 K1059+625 段高边坡	2015	R	20		20	24
合计						2095			483

6.5.3 小结

根据路基高边坡养护规划结果,确定集团高边坡养护规划见表 6-25,2024—2026 年投资估算合计 11041 万元,如图 6-8 所示。

表 6-25 集团 2024—2026 年高边坡养护规划一览表

项目	2024 年		2025 年		2026 年	
	规模	费用（万元）	规模	费用（万元）	规模	费用（万元）
修复处治	10 处，长度 2990 m	3060	10 处，长度 1744 m	3020	10 处，长度 4600 m	3140
监测预警系统布设	19 处，长度 4215 m	547	19 处，长度 3045 m	531	19 处，长度 2095 m	483
合计	29 处	3607	29 处	3551	29 处	3623

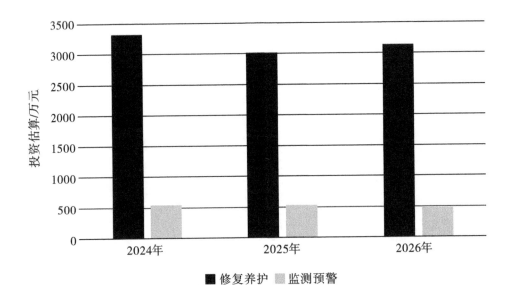

图 6-8 2024—2026 年路基高边坡养护投资估算情况

第 7 章

养护工区及服务区养护规划

7.1 养护工区养护规划

结合集团养护工区管养路段的养护历史、车流量、技术状况指标衰减情况、管养车道公里、养护机械以及养护人员配置等因素,根据养护工区现状,为更有利于养护工区管理,将养护工区分为一类养护工区和二类养护工区。

7.1.1 养护工区分类

7.1.1.1 一类养护工区

一类养护工区是指规模较大、装备齐全、功能全面,主要用于承担日常保养、日常维修(小修)、事故路产修复、除雪融冰、小型抢险工程等日常养护以及物料储备等任务,同时又能满足附近二类养护工区小型抢险工程所需的技术保障、施工设备和物资的工区。

结合车流量较大的国家高速 G30 连霍高速及 G4 京港澳高速,车流量适中的国家高速 G40 沪陕高速、省级高速 S81 商南高速路段的养护工区管养里程,并考虑养护工作的经济性,一类养护工区管养的路段通车时间短、车流量小、技术状况指标稳定、车道数为 4~6 车道时,管养里程一般为 70~110 公里;管养的路段为通车时间长、车流量大、技术状况指标衰减快、车道数为 8 车道的 G30 连霍高速、G4 京港澳高速等重要枢纽路段时,管养里程一般为 50~70 公里。

7.1.1.2 二类养护工区

二类养护工区是指规模相对较小、装备简单,主要用于承担日常保养、日常维修(小修)、事故路产修复、除雪融冰等日常养护以及物料储备等任务的工区。

结合车流量适中的国家高速 G1516 盐洛高速、省级高速 S60 商登高速路段的养护工区管养里程,并考虑养护工作的经济性,二类养护工区管养里程一般为 50~70 公里。

基于提升改造规划,综合考虑所有养护工区情况,将现有和"13445 工程"规划养护工区优化调整为一类养护工区 54 个,二类养护工区 89 个,共计 143 个,详见表 7-1、表 7-2。

表 7-1 集团养护工区规划布局优化调整汇总表

类别	现有养护工区（个）		"13445 工程"规划养护工区（个）		优化后合计（个）
	优化前	优化后	优化前	优化后	
一类	28	44	8	10	54
二类	18	49	16	40	89
其他	47	25			
合计	93	93	49	50	143

表 7-2 集团养护工区分地市公司优化调整表　　　　　　　　单位：个

序号	地市公司	2022 年年末								13445 工程							
		现状养护工区				调整后养护工区			差额	现状养护工区				调整后养护工区			差额
		一类	二类	其他	合计	一类	二类	合计		一类	二类	其他	合计	一类	二类	合计	
1	郑州分公司	1	1	5	7	1	6	7	0		1	1	2		2	2	0
2	开封分公司	1	1	3	5	1	3	4	-1	1	1	1	3	1	2	3	0
3	洛阳分公司	3		5	8	5	5	10	2			1	1			1	0
4	平顶山分公司	2	1	1	4	3	1	4	0		1	1	2	1	1	2	0
5	安阳分公司	1	0	1	2	2	0	2	0		2		4	4		4	0
6	鹤壁分公司		1		1	1	0	1	0		1		1	1		1	0
7	新乡分公司	3	2		5	2	3	5	0	1	2	2	5	1	4	5	0
8	焦作分公司		1	3	4	1	3	4	0		1	3	6	1	5	6	0
9	濮阳分公司		1	3	4			4	0			1	1	1		1	0
10	许昌分公司			3	3	1	2	3	0		2	2	4	4		4	0

续表 7-2

序号	地市公司	2022 年年末							差额	13445 工程							差额
		现状养护工区				调整后养护工区				现状养护工区				调整后养护工区			
		一类	二类	其他	合计	一类	二类	合计		一类	二类	其他	合计	一类	二类	合计	
11	漯河分公司				0			0	0		2	2	1	1	2		0
12	三门峡分公司	1	1	3	5	2	3	5	0			1	1		1	1	0
13	南阳分公司	2	1	3	6	4	2	6	0		1	1	2		2	2	0
14	商丘分公司	3		2	5	4	1	5	0				0	1		1	1
15	信阳分公司	1	4	3	8	2	5	7	−1		2	5	7		7	7	0
16	周口分公司		1	2	3	1	2	3	0	2		1	3	2	1	3	0
17	驻马店分公司	4		3	7	5	2	7	0	1			1	1		1	0
18	济源分公司			2	2	1	1	2	0			2	2		2	2	0
19	中原高速	4	4	4	12	5	7	12	0		1	1	2		2	2	0
20	岳常公司	2			2	1	1	2	0				0			0	0
	合计	28	19	46	93	43	50	93	0	6	18	25	49	10	40	50	1

7.1.2 人员配置

目前,集团管养道路主线里程 6251.3 公里,养护人员 3959 人(包括护路人员),平均每公里养护人员数量约 0.63 人。综合考虑一类、二类养护工区的养护里程及养护任务,养护人员配置按照平均每公里管养里程 0.60 人,一类养护工区人员数量约 42 ~ 66 人,二类养护工区人员数量约 30 ~ 42 人,包括管理人员、护路人员以及后勤人员等,详见表 7-3。

表7-3 养护工区人员配置表

类别	人员配置
一类养护工区	约42~66人
二类养护工区	约30~42人

7.1.3 机械设备配置

根据目前集团养护工区机械设备配置情况,为最大化发挥机械设备的利用率,提高设备的经济性。综合考虑一类、二类养护工区功能,合理配置养护工区机械设备。

一类养护工区应配备日常保养、路基路面维修、交安设施维修、绿化施工、除雪融冰、小型应急抢险等设备,二类养护工区应配备日常保养、除雪融冰等设备,详见表7-4。

表7-4 养护工区机械设备基本配置标准

序号	养护任务	设备名称	规格参数	单位	配置数量	
					一类养护工区	二类养护工区
1	日常保养	清扫车	最大清扫宽度3.5 m,最大清扫速度不小于20 km/h	台	2	1
		随车吊	起吊能力3 t以上,载重能力5 t以上	台	2	1
		护栏清洗设备	清洗能力10 km/h	套	2	1
		路面冲洗设备	带有高压水枪	套	2	1
		洒水车(水罐)	8~10 t	台	2	1
		多功能养护车		台	1	1
		客货两用车	载重量4 t以上	台	4	2
		日常巡查车辆	皮卡车	台	2	1

续表 7-4

序号	养护任务	设备名称	规格参数	单位	配置数量	
					一类养护工区	二类养护工区
2	路基路面维修	挖掘机	3~9 t	台	1	1
		灌缝设备		套	2	1
		切割机		台	1	1
		冲击夯	100~200 kg	台	1	1
		平板夯	100~200 kg	台	1	1
		炒料机（锅）		台	1	1
		液压动力站		台	1	1
		雾炮机		台	2	1
		小型压路机	100~200 kg	台	1	1
3	交安设施维修	护栏打桩设备	具备打桩、拔桩功能	台	1	1
		标线设备	热熔或冷喷	套	2	1
		防闯入警示器		台	3	2
		智能机器人		台	3	2
		智能声控锥标		个	8	5
4	绿化施工	绿篱修剪机	功率 8 kW 以上	台	1	1
		打草机		台	15	10
		油锯		台	6	4
5	除雪融冰	除雪撒布器	撒布宽度 4 m 以上，撒 20~200 g/m² 可调，装载容量不小于 8 m³	台	4	2
		除雪铲	铲雪宽度 2.2 m 以上	台	4	2
6	小型应急抢险	装载机	斗容 2.8~3.5 m³	台	2	—
		照明设备	4 kW 以上	套	1	
		小型发电机	6~15 kW	台	2	
		抽水机	20 方或以上	台	1	

7.1.4　布局规模

主要是依据一类、二类养护工区功能、人员及机械配置,根据集团《"13445 工程"房建功能用房规模标准指导意见(试行)》(豫交集团建〔2023〕129 号),对建设规模进行合理规划。

7.1.4.1　办公及生活用房

办公用房主要包括办公室、会议室等,生活用房主要包括宿舍、餐厅等。

根据《办公建筑设计标准》《宿舍建筑设计规范》《饮食建筑设计标准》等规范,按照人员确定建筑规模。考虑到施工人员的特殊性,办公用房人员数量按照养护工区人员数量的 40% 考虑,宿舍人员数量按照养护工区人员数量的 80% 考虑,餐厅同时用餐人数按照养护工区人员数量的 80% 考虑。

7.1.4.2　生产用房

生产用房主要包括养护仓库和养护机械棚。

养护仓库应满足日常小修保养、应急抢修、交安设施、除雪物资等养护生产所需物资和小型设备的存放需求,一类养护工区养护仓库建筑面积宜为 1000 m^2/处,二类养护工区养护仓库建筑面积宜为 800 m^2/处。养护机械棚应满足各类养护机械、养护车辆存放需求,一类养护工区养护机械棚建筑面积宜为 300 m^2/处,二类养护工区养护机械棚建筑面积宜为 200 m^2/处。

7.1.4.3　附属设施

附属设施主要包括综合机房和门卫室。

根据需要,综合机房建筑面积宜为 218.18 m^2/处,门卫室建筑面积宜为 28.75 m^2/处。

经测算,一类养护工区占地面积宜为 16 ~ 18 亩,办公及生产用房、附属设施建筑面积宜为 1200 ~ 1500 m^2/处,养护仓库建筑面积宜为 1000 m^2/处,养护机械棚建筑面积宜为 300 m^2/处;二类养护工区占地面积宜为 13 ~ 15 亩,办公及生产用房、附属设施建筑面积宜为 1000 ~ 1200 m^2/处,养护仓库建筑面积宜为 800 m^2/处,养护机械棚建筑面积宜为 200 m^2/处。现有养护工区建设规模推荐值见表 7-5。

表 7-5　现有养护工区建设规模推荐值

类别	占地面积（亩）	建筑面积（m^2/处）		
		办公及生产用房、附属设施	养护仓库	养护机械棚
一类养护工区	16 ~ 18	1200 ~ 1500	1000	300
二类养护工区	13 ~ 15	1000 ~ 1200	800	200

参考已建成的登汝、机场、夏邑、竹沟等标准化养护工区综合单价,新建一类养护工区 2000 万元/处,新建二类养护工区 1500 万元/处,形象提升 60 万元/处,新建仓库按照

2000 元/m²，新建养护机械棚按照 1800 元/m²。经测算，提升改造养护工区 93 个，所需费用为 51896 万元，其中 2023 年提升改造养护工区 12 个，所需费用为 5476 万元，2024 年提升改造养护工区 39 个，所需费用为 12400 万元，2025 年提升改造养护工区 21 个，所需费用为 12648 万元，2026 年提升改造养护工区 6 个，所需费用为 11000 万元，2027 年提升改造养护工区 7 个，所需费用为 3632 万元，2028 年提升改造养护工区 5 个，所需费用为 3740 万元，2029 年提升改造养护工区 3 个，所需费用为 3000 万元。

根据《河南交通投资集团有限公司养护专项工程管理办法》（征求意见稿），现有 93 个养护工区提升改造资金来源于养护专项工程资金，其中房建设施建设资金由地市公司提供，设备购置、形象提升资金由养护单位提供，因此资金来源为地市公司出资 46694 万元，养护单位出资 5202 万元。"13445 工程"规划养护工区需提升改造的资金来源于项目资金。根据《河南交通投资集团高速公路养护工区发展规划》，2024—2026 年养护工区（房建设施）提升改造 75 个，养护专项投资共计约 3.6 亿（表 7-6）。

表 7-6　养护工区（房建）发展规划各年度费用汇总

序号	年度	示范养护工区（个）	形象提升（个）	原址扩建（个）	新建一类养护工区（个）	新建二类养护工区（个）	迁移入驻（个）	费用（万元）
1	2024	10	20	6	1	1	1	12400
2	2025	1		21	2	4	2	12648
3	2026				4	2		11000
合计		10	21	27	7	7	3	36048

本次规划结合《河南交通投资集团高速公路养护工区发展规划》，对于养护工区（房建）2024—2026 年每年暂估考虑 20%～30% 进行提升改造或修复，三年共计约 7500 万，具体详见表 7-7。

表 7-7　养护工区（房建）本次规划各年度费用汇总

序号	年度	示范养护工区（个）	形象提升（个）	原址扩建（个）	新建一类养护工区（个）	新建二类养护工区（个）	迁移入驻（个）	费用（万元）
1	2024	2	2	1			1	2000
2	2025		1	2	1	1	2	2500
3	2026				2	2		3000
合计		2	3	3	3	3	3	7500

7.2　服务区广场养护规划

高速公路服务区作为高速公路标志性服务设施,是体现高速公路服务形象的窗口,也是当地城市形象的重要标志。

随着运营年限的增加,由于路面年久失修、设施老化、更新换代不及时,不但影响到服务区整体形象、降低服务等级,甚至是影响到行车安全。因此,对服务区进行针对性提升改造,有利于提高高速公路管理、服务区整体形象、促进经济发展有至关重要的作用,以更好地满足公众出行需求,成为美好河南的展示窗口。

集团所属高速公路运营服务区共计 137 个(图 7-1),平均广场面积 15000 m²。

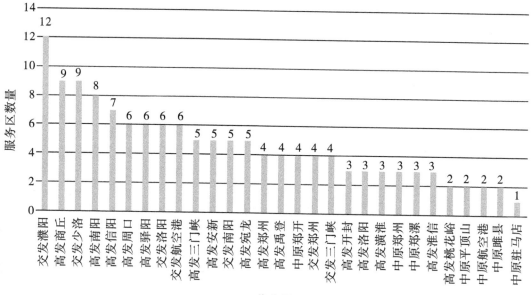

图 7-1　集团各运营分公司服务区数量统计

服务区广场主要存在问题为局部水泥板断裂、麻面、磨骨等病害,以及标线磨损。从充分利用现有服务区广场路面结构,妥善处治服务区广场路面病害,延长服务区广场路面使用寿命考虑,针对水泥板破碎、磨骨麻面分别采用更换水泥板块和修复水泥板表面的措施,同时对服务区标线进行恢复完善,引导车辆安全通行。

根据服务区养护规划,2024—2026 年每年度规划修复数量 4～5 个,2024—2026 年养护资金共计约 0.28 亿。具体规划情况见表 7-8。

表7-8 服务区广场各年度费用汇总

序号	年度	服务区广场路面维修（个）	换板修复处治面积（m²）	预养护处治面积（m²）	费用（万元）
1	2024	4	12000	16000	760
2	2025	5	15000	20000	970
3	2026	6	18000	24000	1100
合计		12			2830

第 8 章

主要结论与展望

8.1 总体规模

按照"统筹均衡、科学决策、突出预防、创新驱动"的基本编制原则,基于集团路网实际需求、路况水平和养护资金情况等,制定 2024—2026 年各专业(路面、桥涵隧、交安设施、路基、养护工区房建设施、服务区广场等)养护规划方案,三年养护规划投资共计约 98.68 亿(表 8-1)。

其中投资类项目:提升改造 49.06 亿、交安提升改造 17.58 亿、桥隧健康监测 0.66 亿、高边坡监测预警 0.16 亿,合计 67.46 亿元,占比 68.4%。

成本类项目:路面修复养护和预防养护、桥隧预防养护和修复养护、交安设施精细化提升、路基高边坡修复和水毁修复、养护工区(房建)提升改造和修复、服务区广场修复,合计 31.22 亿,占比 31.6%。

表 8-1 2024—2026 年养护规划投资规模

		2024 年	2025 年	2026 年	合计(万元)	
路面	地市分公司	228527	212030	213489	654046	736335
	中原高速	12217	38552	21892	72660	
	岳常高速	3038	3164	3428	9630	
桥涵隧		12993	12328	12949	38270	
交安		62066	54127	65877	182070	
路基	高边坡处治及监测	3623	3551	3623	10781	
	水毁	3000	3000	3000	9000	
养护工区(房建)		2000	2500	2500	7500	
服务区广场		760	970	1100	2830	
合计		328207	330222	328358	986786	

注:路基(水毁、应急抢险等)根据往年专项情况,每年预估部分费用。

2024—2026 年各专业养护规划投资规模与投资占比如图 8-1、图 8-2 所示。

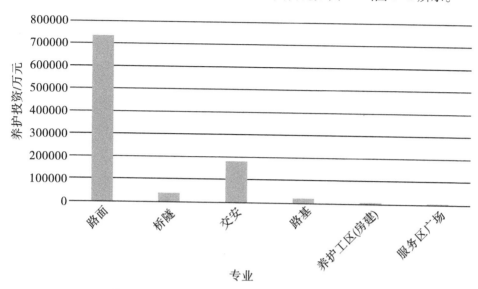

图 8-1 2024—2026 年各专业养护规划投资规模

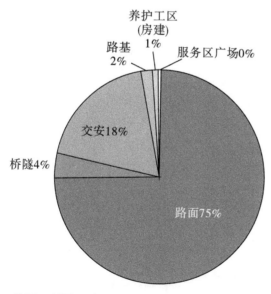

图 8-2 2024—2026 年各专业养护规划投资占比

8.2 养护规划方案

在路网养护规划路段范围及单元划分、养护类型决策及对策选择、养护需求优先级排序及优化分配的基础上,考虑"四个均衡"原则,动态优化调整确定集团2024—2026年整体养护规划方案,具体见表8-2~表8-7。

表8-2 2024—2026年路面养护规划一览表

养护类型	具体方案	2024年			2025年			2026年		
		路段数量（段）	处治规模（车道公里）	估算费用（万元）	路段数量（段）	处治规模（车道公里）	估算费用（万元）	路段数量（段）	处治规模（车道公里）	估算费用（万元）
提升改造	加铺罩面	6	1496	159347	9	1833	171148	9	1856	160140
修复养护	铣刨重铺	16	1097	52320	15	919	44624	13	796	35307
	就地热再生	2	266	8978	2	279	10459	3	342	12947
预防养护	表处	6	758	18529	9	1135	22858	8	1001	17912
	薄层罩面	1	113	4607	1	115	4657	2	351	12502
合计		31	3730	243781	36	4281	253746	35	4346	238808

表8-3 2024—2026年桥涵隧养护规划一览表

项目	2024年		2025年		2026年	
	规模（公里）	费用（万元）	规模（公里）	费用（万元）	规模（公里）	费用（万元）
特大桥预防养护	18幅,长度21.75	3999	16幅,长度30.48	4118	22幅,长度32.61	4160
隧道预防养护	9幅,长度19.24	1972	13幅,长度20.34	2110	13幅,长度22.72	2349

续表 8-3

项目	2024 年		2025 年		2026 年	
	规模(公里)	费用(万元)	规模(公里)	费用(万元)	规模(公里)	费用(万元)
30 m 空心板加固	3 座,空心板 304 片	912				
伸缩缝、支座更换		800		900		1000
3 类桥修复	30 座	2670	35 座	2900	40 座	3180
涵洞修复	18 座	180	20 座	200	22 座	220
健康监测项目	3 座	2460	3 座	2100	3 座	2040
合计		12993		12328		12949

表 8-4　2024—2026 年交安设施(护栏)养护规划一览表

项目	2024 年		2025 年		2026 年	
	规模(公里)	费用(万元)	规模(公里)	费用(万元)	规模(公里)	费用(万元)
护栏提升改造及修复养护	295	56998	310	52951	293	65877
精细化提升		5068		1177		
合计		62066		54127		65877

表 8-5　2024—2026 年路基高边坡及水毁修复养护规划一览表

项目	2024 年		2025 年		2026 年	
	规模(公里)	费用(万元)	规模(公里)	费用(万元)	规模(公里)	费用(万元)
修复处治	10 处,长度 2990 m	3060	10 处,长度 1744 m	3020	10 处,长度 4600 m	3140
监测预警	19 处,长度 4215 m	547	19 处,长度 3045 m	531	19 处,长度 2095 m	483
水毁修复		3000		3000		3000
合计		6607		6551		6623

表8-6 2024—2026年养护工区（房建）养护规划一览表

序号	年度	示范养护工区（个）	形象提升（个）	原址扩建（个）	新建一类养护工区（个）	新建二类养护工区（个）	迁移入驻（个）	费用（万元）
1	2024	2	2	1			1	2000
2	2025		1	2	1	1	2	2500
3	2026				2	2		3000
合计		2	3	3	3	3	3	7500

表8-7 2024—2026年服务区广场养护规划一览表

年度	服务区广场路面维修（个）	换板修复处治面积（m²）	预养护处治面积（m²）	费用（万元）
2024	4	12000	16000	760
2025	5	15000	20000	970
2026	6	18000	24000	1100
合计	12			2830

8.3 规划效果评价

结合集团路段实际和养护规划预期目标，通过三年养护规划实施，规划效果评价见表8-8。

表8-8 2024—2026年养护预期目标与效果评价一览表

序号	预期目标	效果评价
1	到2026年年底，扣除运营年限≤5年路段，路面基本整体处治一遍	处治规模占比91.9%，基本处治完成
2	实现平均路面使用性能指数（PQI）2024年度达到94.25，2025年度达到94.55，2026年度达到94.80	2024年度达到94.25，2025年度达到94.55，2026年度达到94.80
3	2026年年末PQI优等路率达到95%以上，整体路况优良率达到100%	PQI优等路率达到95.4%，优良率100%

续表8-8

序号	预期目标	效果评价
4	预防养护平均每年实施里程(车道公里)不低于总实施里程的25%	预防养护实施规模占比28.0%
5	路面废旧材料回收率达到100%,循环利用率不低于95%	路面废旧材料回收率达到100%,循环利用率不低于95%
6	一、二类桥隧比例达到99%以上,三类桥隧当年处治率达到100%,无四、五类桥隧	一、二类桥隧99%以上,三类桥隧当年处治率100%,无四、五类桥隧
7	对早期建设老旧桥梁完成维修加固	现存3座304片30 m空心板桥梁维修加固完成
8	建立健全重点桥隧结构健康监测体系,实现数字化养护管理	29座桥梁增设健康监测系统
9	达到设计使用年限、建设标准低且存在安全隐患的波形梁护栏进行提升改造,对新泽西护栏耐久性修复延长使用寿命,提升安全防护能力	现存94规范波形梁护栏提升改造100%,06规范波形梁护栏结合大修提升改造11.63%
10	加强路基高边坡修复处治和布设监测预警系统	30处欠稳定高边坡处治100%,57处基本稳定高边坡监测系统布设率100%

8.4　远期展望

按照道路养护"三循环"的原则(表8-9),分析不同道路大修、修复养护、预防养护等养护措施的适用性、可行性以及使用年限,进行路面周期性循环养护规划。养护周期根据《公路沥青路面养护设计规范》(JTG 5421—2018)中对高速公路设计使用年限的要求,如结构性修复10~15年、功能性修复5~8年和预防养护2~5年。

表8-9　路面"三循环"原则

序号	规划养护类型	设计使用年限(年)
1	大修	10
2	修复养护	5
3	预防养护	2~3

中远期路面养护规划展望至 2030 年,2027—2030 年具体养护路段范围和规划（表 8-10）思路如下:

（1）三年行动期间已大修整体提升改造过的路段,考虑使用年限 10 年,以日常养护或小规模专项养护为主,不再纳入远期养护规划范围;

（2）三年行动期间已修复养护处治过的路段,考虑使用年限 5 年,根据路面技术状况衰减规律,于 2027—2030 年优先考虑就地热再生或加铺罩面;

（3）剩余未处治运营年限 8～15 年、交通量大、路况指标差的一般国省干线,以及三年行动期间已预防养护处治过的路段,考虑使用年限 3 年,根据路面技术状况衰减规律,于 2027—2030 年采用修复养护（石灰岩路面调整为玄武岩路面）方式进行路面专项养护;

（4）剩余未处治运营年限 8～13 年、交通量小、路况指标差的其他路段,以及部分目前通车≤5 年路段,根据路面技术状况衰减规律,于 2027—2030 年采用预防养护（表处或薄层罩面）方式进行路面专项养护。

表 8-10　路面远期养护规划方案及规模

序号	路段类别	是否纳入远期规划	养护类型	养护对策	养护规模（车道公里）	养护资金（亿元）
1	三年行动期间大修整体提升改造路段	否	日常养护为主			
2	三年行动期间修复养护路段	是	修复养护	热再生	1850	7.63
			大修	加铺罩面	3280	33.98
3	①剩余未处治运营年限 8～15 年、交通量大、路况指标差的一般国省干线；②三年行动期间预防养护路段	是	修复养护	铣刨重铺	2670	13.24
4	①剩余未处治运营年限 8～13 年、交通量小、路况指标差的其他路段；②部分目前通车≤5 年路段	是	预防养护	表处、薄层罩面	3090	5.21
	合计				10890	60.06

2027—2030 年路面养护处治规模共计约 10890 车道公里,路面养护专项投资共计约 60.06 亿。

至 2030 年,集团高速公路养护管理事业可持续发展能力显著提高,构建养护专业化、设施数字化的养护管理体系,路网整体路况水平和服务水平显著提升,人民满意度明显提高。

8.5　问题与建议

8.5.1　养护规划动态调整,有序开展

养护规划旨在通过规划引导和顶层设计,来指导未来养护管理工作方向,谋划未来养护管理工作路径。建议根据集团最新的养护管理、养护需求和养护资金等情况,及时动态调整,保障养护专项工作合理有序开展。

8.5.2　加强废料循环再生利用

路面规划大中修铣刨废料年均 36 万 t,建议统筹考虑"13445"建设项目分布和再生技术应用,细化沥青路面废料利用方案;交安规划拆旧波形梁护栏年均 4 万 t,应考虑重新加工制造利用,提高资源利用率。

8.5.3　完善路面预防养护技术总结和攻关

未来路面预防养护规模持续增长,建议完善预防养护新技术总结和攻关研究,加强路面表面功能性快速提升。

8.5.4　提高桥梁健康监测覆盖率

加强桥梁轻量化监测技术研究和应用,提高桥梁健康监测覆盖率。可选择跨径 30 米大孔空心板等典型结构桥梁进行加固后运营效果监测和长期服役效果评价,为后续类似桥梁加固提供技术支撑。

8.5.5　完善方案

完善养护设计、施工等过程管理和质量控制方案,明确养护工程创优目标。